L'Hexagone bénéficie du soutien du Conseil des Arts du Canada et de la Société de développement des entreprises culturelles du Québec pour son programme d'édition.

L'auteur remercie Marie-Claude Barrière, Micheline La France, Hélène Noël, Lise William, Noël Audet, Raymond Paul, André Ricard et Louis Royer pour leur lecture et leurs conseils.

COLLECTION ITINÉRAIRES

La Main ouverte de Jean Royer
est le trente-cinquième titre
de cette collection.

DU MÊME AUTEUR

À patience d'aimer, poésie, Québec, Éditions de l'Aile, 1966.

Nos corps habitables, poésie, Québec, Éditions de l'Arc, 1969.

La parole me vient de ton corps suivi de *Nos corps habitables, poèmes 1969-1973,* Montréal, Nouvelles Éditions de l'Arc, 1974.

Pays intimes, entretiens 1966-1976, Montréal, Leméac, 1976.

Les heures nues, poésie, Montréal, Nouvelles Éditions de l'Arc, 1979.

Faim souveraine, poèmes, avec un dessin de Roland Giguère, Montréal, l'Hexagone, 1980.

L'intime soif, poèmes, avec un bois original de Janine Leroux-Guillaume, Montréal, Éditions du Silence, 1981.

Marie Uguay: la vie la poésie, entretiens, Montréal, Éditions du Silence, 1982.

Écrivains contemporains, entretiens 1976-1989, 5 vol., Montréal, l'Hexagone, 1982 à 1989.

Jours d'atelier, textes et poèmes, avec une gravure de Kittie Bruneau, Saint-Lambert, Le Noroît, 1984.

Le chemin brûlé, poèmes, avec une photographie de Kèro, Montréal, l'Hexagone, 1986.

Depuis l'amour, poésie, Montréal et Paris, l'Hexagone et La Table rase, 1987. Grand Prix du *Journal de Montréal* et prix Claude-Sernet (France).

La poésie québécoise contemporaine, anthologie, Montréal et Paris, l'Hexagone et La Découverte, 1987; deuxième édition, 1996.

Le Québec en poésie, anthologie, Paris, Gallimard, 1987; deuxième édition, 1996.

Introduction à la poésie québécoise, essai, Montréal, Leméac, coll. «Bibliothèque québécoise», 1988.

Poèmes d'amour 1966-1986, Montréal, TYPO, 1988. Prix Alain-Grandbois.

La Main cachée, récit, Montréal, l'Hexagone, coll. «Itinéraires», 1991.

Poètes québécois, entretiens, Montréal, TYPO, 1991.

SUITE DE LA BIBLIOGRAPHIE EN FIN DE VOLUME

JEAN ROYER

De l'Académie des lettres du Québec

La Main ouverte

Récits

l'HEXAGONE

ÉDITIONS DE l'HEXAGONE
Une division du groupe Ville-Marie Littérature
1010, rue de La Gauchetière Est
Montréal, Québec H2L 2N5
Tél.: (514) 523-1182
Téléc.: (514) 282-7530

Maquette de la couverture: Christiane Houle
Photo de la couverture: Josée Lambert

Données de catalogage avant publication (Canada)

Royer, Jean, 1938-
    La main ouverte
    (Collection Itinéraires)
    ISBN 2-89006-563-4
    I. Titre. II. Collection: Collection Itinéraires (Hexagone (Firme)).
PS8535.O98M34 1996   C843'.54   C96-940914-1
PS9535.O98M34 1996
PQ3919.2.R69M34 1996

DISTRIBUTEURS EXCLUSIFS:

• Pour le Québec, le Canada
et les États-Unis:
LES MESSAGERIES ADP*
955, rue Amherst
Montréal, Québec H2L 3K4
Tél.: (514) 523-1182
Téléc.: (514) 939-0406
* Filiale de Sogides ltée

• Pour la Belgique et le Luxembourg:
PRESSES DE BELGIQUE S.A.
Boulevard de l'Europe, 117
B-1301 Wavre
Tél.: (10) 41-59-66 et (10) 41-78-50
Téléc.: (10) 41-20-24

• Pour la Suisse:
TRANSAT S.A.
Route des Jeunes, 4 Ter, C.P. 125,
1211 Genève 26
Tél.: (41-22) 342-77-40
Téléc.: (41-22) 343-46-46

• Pour la France et les autres pays:
INTER FORUM
Immeuble PARYSEINE
3, allée de la Seine, 94854 IVRY CEDEX
Tél.: (1) 49.59.11.89/91
Téléc.: (1) 49.59.11.96
Commandes: Tél: (16) 38.32.71.00
Téléc.: (16) 38.32.71.28

Dépôt légal: 3e trimestre 1996
Bibliothèque nationale du Québec
Bibliothèque nationale du Canada

à Pauline Geoffrion,
à Laurent Laplante,
à Michel Roy,

pour leur soutien et leur fidélité.

Tu ne seras jamais dans ton pays comme dans ta famille.

Jean-Guy Pilon

Tout cela, c'est ma géographie secrète.

Léon-Paul Fargue

Pays natal

Pays natal

Comme mon père, j'ai toujours été fasciné par l'île d'Orléans: son histoire, ses légendes, ses chemins secrets. Mon père y avait emmené ma mère, au temps de leurs fiançailles. Une photo les montre tous les deux assis calmement sur une immense roche, à Sainte-Pétronille, au bord du fleuve. À mon tour, je vivrai dans l'île des moments édéniques. Des amours, qui sont le même amour, en quelques maisons et paysages bien choisis.

Je ne me suis jamais senti un feu follet de légende, ni un sorcier de cette «Isle de Bacchus», ainsi nommée par Jacques Cartier et dont Mgr Laval, évêque de Québec, avait fait raser les vignes sauvages au XVIIe siècle. Je n'ai pas abordé l'île d'Orléans par son passé, mais du côté de mon avenir. Comme un rêve qu'il me fallait vivre en plein jour, en pleine jeunesse. J'y suis allé retrouver le souvenir de mon père jeune et souriant, du côté des bouleaux de Sainte-Pétronille. J'ai traversé le pont de l'île avec ma mère, un beau dimanche, au volant de ma première automobile, et j'ai fait le tour du pays de mes ancêtres. Le premier Jean Royer vint du Mans pour bâtir maison à Sainte-Famille de l'île d'Orléans, en 1659. Il épousera Marie Targer à Château-Richer en 1663. Leur fils Jean va se marier avec Catherine Dumont en 1694 et s'établir de l'autre côté de l'île, à Saint-Jean, où des Royer exploitent toujours la ferme des pionniers. D'autres descendants — les traîtres! — quitteront l'île d'Orléans pour l'arrière-pays de la Côte-du-Sud, dans les terres de Saint-Charles de Bellechasse, où je suis né, trop loin du fleuve.

Une île n'est pas tant un lieu isolé du continent qu'un point de vue privilégié sur le monde. Une île vous donne mille horizons et vous protège comme une mère. Au milieu de l'eau, dans une sorte de forteresse fœtale, personne ne peut plus vous atteindre et vous êtes libre de vivre au bout de vous-même les quatre saisons de la vie.

Un jour, j'ai quitté le Vieux-Québec des préjugés et des pierres immobiles pour cette île de liberté et de lumière. Au milieu du fleuve d'Héraclite, où tout changeait, y compris moi-même, j'ai adopté le pays de mon premier ancêtre en Nouvelle-France. C'est dans l'île d'Orléans que j'ai fondé ma propre vie sentimentale et culturelle. J'y ai fréquenté l'amour et la poésie, j'y ai connu le désespoir et le désœuvrement, j'y ai fondé un théâtre et partagé mon sens de la fête, j'y ai découvert la richesse de l'amitié et même le plaisir d'avoir autour de soi sa mère et sa famille.

En premier lieu, j'ai habité, dans le village de Saint-Jean, la vieille maison de la famille Létourneau. Modeste bâtisse de bois peinte en jaune, elle était le refuge du peintre Georges Saint-Pierre et de son ami «le capitaine», quand je l'ai visitée la première fois. Quelques meubles anciens, un récamier, des fauteuils victoriens, une lampe Tiffany, mais aussi deux vieux matelas et une table bancale composaient le mobilier d'une maison un peu vide, aux murs oubliés depuis longtemps par la lumière.

L'esprit des lieux, on le trouvait derrière la maison, là où la petite cour, protégée par un muret, donnait accès aux battures du Saint-Laurent. En fait, le fleuve dormait dans la cour de cette maison.

Deux faunes y habitaient. Artistes le jour et ivrognes la nuit, ils buvaient plus de bière qu'ils ne mangeaient de pain. «Le capitaine», un dénommé Therrien, était un poète lyrique autant qu'éthylique. Il avait publié en prosodie traditionnelle des poèmes intitulés *Les solitudes minganiennes* qui sont des complaintes nostalgiques sur les paysages de la Côte-Nord.

Georges Saint-Pierre, je le connaissais depuis quelques années. Né à Chicoutimi, il avait adopté Québec à la fin des années cinquante et couru la bohème avec les jeunes poètes Marie-Claire Blais, Gilles Vigneault et Marie Savard, le photographe François Lafortune et les peintres Claude Fleury, Claude Piché et Denys Morisset, qui le lancera à la galerie La Huchette de la rue Couillard, en 1960. Saint-Pierre mettra en scène dans ses tableaux un personnage au masque douloureux, une sorte d'«autoportrait» continuel qui habitera toute son œuvre, tantôt joyeuse et tantôt tragique. Ce personnage, qu'il baptisera «Le malendurant», traverse ses toiles comme un fou ou un saint, emblème du désir d'absolu de l'artiste.

Peintre naturel et autodidacte, informé de l'histoire de la peinture mais imperméable aux modes, Georges Saint-Pierre a adopté un modèle intérieur qui lui est propre. Expressionniste, admirateur de Soutine, il restera fidèle à une vision simple et dramatique de son rapport au monde. «J'alourdis le fardeau matière», me dira-t-il un jour, avant de quitter la maison qu'il habitait à Saint-Jean de l'île d'Orléans.

Il partit pour l'île aux Grues, près de Montmagny, puis il habitera Grondines, dans Portneuf, ainsi que les îles de la Madeleine. Quand il mourra, le 22 février 1985, il nous laissera une œuvre qui ressemble à un livre d'images pour enfants, album de légendes, de rêves, de désirs et de fantômes qui doivent encore nourrir aujourd'hui les jours et les nuits de sa fille Émilie qu'il aimait tant et dont il était si fier d'être le père. Au moment de sa mort, il préparait une nouvelle exposition qu'il aurait intitulée: «Je cherche une maison».

La maison Létourneau de Saint-Jean m'a fait vivre deux ou trois saisons au rythme du village, dans l'intimité du fleuve. Lieu maritime et plutôt paisible, le village accueille des estivants que j'admire, comme le professeur de droit Jean-Charles Bonenfant, avec qui je viens de réaliser une série d'émissions de radio à CHRC et qui m'avait procuré un emploi d'été à la bibliothèque du Parlement, au temps où j'étudiais au Petit Séminaire de Québec.

À Saint-Jean, j'ai l'occasion de visiter mon ami François Lafortune qui habite à l'entrée du village une ancienne école qu'il a entièrement décorée de meubles antiques. Bibliothécaire de son métier, il a développé comme personne l'art de la photographie. Ce verbomoteur insatiable a pourtant passé sa jeunesse en silence, sur les routes, photographiant maisons et paysages du Québec dans une collecte passionnée. Si le Québec disparaissait de la carte, on pourrait le reconstituer à partir des milliers de photographies de François Lafortune. On peut d'ailleurs admirer les qualités de l'artiste en feuilletant un album de ses photos de la ville de Québec, publié sous le titre *Quand la lumière chante*, avec des textes de Gilles Vigneault. François Lafortune, surnommé «croûton» — je ne sais plus pourquoi —, restera toujours pour moi non seulement un ami chaleureux et fantaisiste, mais aussi un chantre intimiste et inégalé des beautés de mon pays.

Avoir le fleuve à ses pieds, cela vous donne envie de partir. Je veux quitter la promiscuité du village. Je cherche d'autres paysages plus champêtres. Faisant le tour de l'île, un beau jour de printemps, je suis saisi par la beauté jumelée de deux maisons anciennes à Saint-Pierre. Sises loin de la route, au creux du paysage, gardiennes de la tranquillité, elles surplombent le fleuve en face de la côte de Beauport. Leurs terrains en pente douce font pencher l'île vers le Saint-Laurent qui, en ces lieux, ressemble presque au lac du Bourget de Lamartine, là où le temps suspend son vol.

L'une des deux maisons de pierre aux murs crépis est justement à louer. C'est la demeure ancestrale de la famille Ferland. On m'accueille en amoureux des lieux. La maison est en bon état et habitable à l'année, avec chauffage central à l'électricité. Me voici loin de tout et seul avec mes désirs d'habiter le monde. Au rez-de-chaussée, une immense cuisine et une salle de séjour, ainsi que deux chambres avec vue sur le fleuve. Je ferai de la plus petite mon espace de travail et d'écriture. À l'étage, trois grandes chambres fermées sous les combles et un immense grenier, mystérieux comme peut l'être une mémoire familiale. La maison Ferland pourrait abriter une dizaine de personnes. Autour de la bâtisse, des arbres font une caresse d'ombre: jeunes pommiers et vieux érables, frênes à l'allure éternelle déploient leurs silhouettes dans le paysage. La maison est bien entourée de tous ces jeux de lumière qui semblent dialoguer avec elle depuis toujours.

Ici, je me sens chez moi pour la première fois de ma vie. Je m'allège de cette inquiétude des déménagements qui ont empoisonné ma petite enfance. Je prends pied enfin. Je m'arrête au bas du paysage. Je me sens libre. Je respire et les mots me viennent du fond de l'enfance. J'écris et je suis plus près de moi. Chacun de mes poèmes semble surgir d'une source nouvelle, même s'il retombe à côté du langage, qui m'apparaît comme un fleuve impassible. Je percerai le mur des mots par moments, j'atteindrai à cette osmose de la sensation, de l'émotion et de la pensée, par bribes et par espoir de cerner enfin le noyau de vie qui m'anime. Je fais l'apprentissage de la poésie en traversant le silence. Quelques mots, quelques vers, comme une ascèse, me conduisent au cœur de l'expérience de vivre son propre langage. Je suis poète: j'apprends à respirer. J'entends comme un murmure ma propre voix. Je suis au bord de moi-même.

Parfois je m'abîme. Le poème ne me sauve pas. Il me fait cheminer en moi, dans ce lieu si vaste qu'est l'attente, jusqu'à me révéler mon désir du monde. Le poème creusera des gouffres insoupçonnés. Il définira aussi le désespoir dans la lumière des mots. Je ne puis plus vivre seul et je découvre que si l'amour est la passion de l'autre, c'est pour l'échange des langages.

J'entre dans le paysage de l'île comme en un paradis terrestre. J'y découvre les heures nues d'une liberté à la fois exigeante et euphorique. Descendant vers le fleuve, j'explore les trois fonds de l'île comme autant d'étapes d'une initiation. Un chemin étroit à l'ouest de la maison me conduit aux premiers champs, qui servent de pâturage à un troupeau de bovins. J'apprivoise cette peur animale de l'inconnu. Franchissant la première barrière, j'arrive au deuxième fonds, désert et bordé d'une mince forêt. On pourrait y pratiquer tous les jeux d'enfant imaginables. On pourrait s'y cacher, crier, chuchoter. On pourrait courir et se jeter à terre en pleine lumière. Je marche et je me tais, mais dans ma tête les mots sont en chamaille autant que rieurs. Le troisième fonds est gardé par une mince forêt, balisée d'éclaircies. J'emprunte le chemin abrupt, presque une falaise, comme si je traversais mon enfance. La terre humide des sous-bois, le ciel bleu au faîte des chênes et des érables, les fleurs sauvages, épervières et sabots de la vierge, la mousse des secrets perdus: tout un jardin caché s'offre à moi comme une enfance retrouvée. Finie la mélancolie du père. Je comprends ce qu'il cherchait au fond de lui. Il est mort avant la fin de sa quête. Il m'a légué son île. Qu'il dorme en paix.

Je m'avance vers le fleuve sur un plateau d'or. L'air est brûlant et le soleil fixe. Debout parmi les blés, je reçois cette odeur d'algues et de bois mort des battures comme un vent de naissance. La marée est basse et les cages de la pêche à l'anguille s'élèvent dans l'espace comme des peines abandonnées. Le fleuve coule sans bruit vers son destin. Je reste là, comme en extase, au milieu de ce mystère. Je m'arrête ainsi penché au-dessus du temps qui passe sans me regarder. Je renais de trop de peines. La douce mélodie de l'eau me garde dans une rêverie qui serait sans fin. Je guéris de moi-même. L'euphorie me porte finalement à remonter vers la maison, vers la réalité des terres et des bois, des clôtures et des habitations qui ornent l'île d'Orléans, mon pays premier.

Cette maison des Ferland, j'en fais le centre du monde. J'y reçois mes amis les plus chers. Des femmes frôlent mon destin. Deux d'entre elles, les sœurs Dumont, me font cadeau d'un jardin qu'elles dessinent à la manière française, comme celui qu'on peut voir dans le film d'Alain Resnais, *L'année dernière à Marienbad*. Les deux jeunes horticultrices réinventent un labyrinthe fantaisiste et coloré, potager peu ordinaire où les plus belles fleurs d'été, iris et grands soleils, côtoient les légumes de primeur. Autour de ma table, les amis viennent déguster des salades gargantuesques et nos repas champêtres sont toujours bien arrosés. Nous refaisons le monde, comme il se doit, Gabrielle et moi, puis Reine, Marie, Geneviève, Louise-Anne et mon

filleul Jean-François, Pierre Morency et Renée, Claude
Fleury et Suzanne, Léo Monast et Laura, Jacques Garneau et autres copains rencontrés au café Le Chantauteuil à Québec.

Je mène une vie qu'on pourrait croire dissolue,
mais qui, au contraire, fonde mon nouveau rapport au
monde. Les amours se succèdent sans drame. Les ivres-
ses n'ont d'autre conséquence que de maintenir le rêve
à la hauteur du rêve. La poésie est une vie qui s'invente.

L'automne, dans sa violence subite, me ramène à
une certaine solitude. Je demande au grand-père Ferland de réparer la vieille cheminée de sa maison. Avec
des pierres de l'ancien four à pain, il reconstruit un âtre
aux allures rustiques, qui présidera à mes méditations
d'hiver. Bientôt, je passerai toute une nuit devant le feu
à écouter le joyeux délire du poète Gilbert Langevin, en
fuite dans les joies du langage contre sa douleur toute
nelliganienne. «Mon refuge est un volcan», disait-il. Ce
matin-là, nous avons bien vu le soleil se lever exactement dans les braises du feu de foyer et le jour s'est
enfin uni à la nuit.

Mais la parole n'a de sens qu'accordée aux gestes
auxquels elle nous engage. Une rupture amoureuse me
projette dans le vide. La douleur fait taire le poème et
la mélancolie me guette. Pour mieux refuser cet héritage paternel de la tristesse, je fonde de nouveaux projets. La famille Ferland possède une grange à cent pieds
de la maison. André Ferland ne s'opposerait pas à la
création d'un théâtre d'été. Au contraire, il me donne
carte blanche. Je viens de quitter le journalisme et j'ai
beaucoup d'amis dans le monde du théâtre. Yvon San-
che, le directeur technique du Grand Théâtre de Québec, s'emballe pour mon projet et s'empare de l'espace
de la grange Ferland pour en dessiner un théâtre de
281 places. André Ferland achète les sièges d'un

cinéma en faillite. Les travaux commencent, avant même que j'aie eu le temps de comprendre vraiment dans quoi je m'embarque. Passionné de théâtre, j'allais bientôt en produire chez moi. D'entrée de jeu, je décide de présenter des créations d'auteurs québécois. Avec Jean Barbeau, je trouve un nom qui fait image: Le Galendor. Ce mot peut aussi s'écrire godendart ou galendart, selon les régions, et désigne une scie pour deux hommes, instrument des défricheurs de forêt.

Le théâtre m'a toujours attiré par le jeu des masques et par la mise à nu des sentiments qu'on y pratique, par ce consentement à la vulnérabilité qu'osent vivre les comédiens. Le théâtre nous plonge dans l'intensité de l'instant, dans la force d'émotion d'un présent autrement inaccessible. Le théâtre est à la fois la poésie et son contraire. Il ouvre l'instant pour le refermer aussitôt. Il cristallise le sentiment de vivre, à la manière de la poésie. Cependant, le théâtre joue de l'éphémère — ce qui fait sa beauté — tandis que le poème prétend à une sorte d'effet d'éternité.

Le Galendor sera l'occasion pour moi d'entrer en contact plus étroit avec les auteurs et les artistes que j'ai pu fréquenter comme critique au journal *L'Action* durant les sept dernières années. J'ai aussi participé activement à la fondation du Théâtre du Trident, à Québec, et j'ai déjà écrit des textes pour le Théâtre de l'Estoc d'André Ricard et Le Théâtre pour enfants de Québec, fondé par Pauline Geoffrion. Certes, j'ai un esprit d'animateur capable de rassembler les foules autour d'une œuvre, mais je n'ai aucune formation d'administrateur et cette part de mon travail m'angoisse. Le soir de l'ouverture du Galendor, le 23 mai, il fait froid et le public est rare pour la représentation unique de *Goglu* de Jean Barbeau, avec Raymond Bouchard et Marc Legault. Je suis anxieux et je me fige sur place, incapable de sortir de la maison pour monter au théâtre. Je reste accablé sous le poids de l'entreprise qui démarre. Après la représentation, à laquelle je n'ai pu assister, Paul Hébert vient me saluer à la maison. L'homme de théâtre et comédien, toujours affable et généreux, m'encourage et me souhaite bonne chance.

Le Galendor, je rêve d'en faire un centre culturel. Le premier dépliant publicitaire des lieux annonce du jazz et de la musique de chambre, de la chanson, du cinéma, des expositions et un café-terrasse devant le fleuve. Les noms de dizaines d'artistes figurent déjà au programme. La plupart passeront par le théâtre. Je n'obtiendrai cependant pas de permis d'exploitation pour le cinéma, ni pour le bar et le restaurant.

Le programme de la première saison annonce aussi pour la nuit du 23 au 24 juin «La nuit des poètes du Québec». Elle aura lieu et ce sera un événement inoubliable, inaugurant une nouvelle célébration collective de notre fête nationale (qui sera imitée à Montréal, l'année suivante, par un rassemblement monstre sur le mont Royal). J'organise cette «Nuit des poètes» avec l'animateur de radio Winston McQuade. La radio de l'Université Laval diffusera l'événement. Tous les médias de Québec nous accordent leur appui promotionnel. Neuf mois après les événements d'Octobre 1970, la fête populaire répondra à la Loi sur les mesures de guerre.

Dès huit heures du soir, le 23 juin, la circulation automobile augmente sur le pont de l'île d'Orléans et de plus en plus de véhicules sont garés sur l'accotement du chemin Royal, aux abords du Galendor. Le public envahit mon terrain entre le théâtre et la maison. Vers dix heures, le stationnement s'étend sur trois milles et demi de route jusqu'au pont. Les gens marchent pour se rendre au théâtre. Un voisin me confie que le stationnement lui rapportera «plus d'argent en une soirée que la saison des patates».

Il est près de minuit et l'on peut compter environ dix mille personnes dans le champ entre la scène et le fleuve. La fête devient immense. Comme convenu, mon voisin Félix Leclerc arrive pour inaugurer la nuit. Il chante cinq ou six de ses plus grands succès. C'est le délire. Suivent Raôul Duguay et ses mantras, Gérald Godin et son *Cantouque menteur*, Gilles Vigneault et *La Manikoutai*. Une trentaine de bardes, tels Raymond Lévesque, Michel Garneau et Sylvain Lelièvre, vont traverser la nuit avec des chansons de l'amour et du pays, avec des poèmes de révolte et de tendresse. Michèle Lalonde lance son *Speak White* contre l'aliénation puis, en même temps que le miraculeux lever du soleil, Pauline Julien chante dans la lumière lente du matin *Les gens de mon pays*. Moment grandiose et de forte émotion où le fleuve des paroles et des musiques rejoint la majesté du Saint-Laurent qui se découvre derrière nous.

La Nuit de la poésie du Galendor est certes restée vivante dans la mémoire des gens de Québec. Aujourd'hui encore, j'entends nos mots et nos musiques longer le fleuve comme pour le posséder une bonne fois, lui qui s'enfle de toutes les rivières du Québec jusqu'à s'ouvrir sur l'océan des autres.

Ainsi, pour moi, Le Galendor appartenait à tous les Québécois. Je rêvais d'en faire le lieu de rencontre de notre culture.

Durant trois ans, j'animerai avec fougue ce théâtre d'été. Je me lierai d'amitié avec Félix Leclerc, qui deviendra mon associé en 1972, puis avec Jean-Paul Filion, Jean Barbeau et Michel Garneau, entre autres. La première saison démarre avec *La jarnigoine*, un divertissement de

Pierre Morency. Suivront *L'herbe à puces*, puis *Joualez-moi d'amour* et *Manon Lastcall*, des comédies de Jean Barbeau. L'affiche du deuxième été proposera une création de Michel Garneau, *Sur le matelas*, ainsi qu'une pièce inédite de Jean-Paul Filion, *La maison de Jean Bel.* La poésie et la comédie feront bon ménage au Galendor.

Je remplirai le théâtre d'un public heureux, me semble-t-il. Le dimanche soir, la chanson a toujours du succès. Félix Leclerc, Gilles Vigneault, Sylvain Lelièvre, Pauline Julien, Clémence DesRochers, Renée Claude, Claude Léveillée, mon frère Louis, qui fait ses débuts, et bien d'autres viennent chanter au Galendor. Même Yvon Deschamps, que j'ai vu arpenter nerveusement le devant de la maison, répétant les monologues nouveaux qu'il donnera le soir devant un public enthousiaste.

Je n'oublierai jamais non plus ce récital du guitariste Alexandre Lagoya qui, remontant seul sur scène après la mort de sa femme, jouait des airs nostalgiques pendant que la pluie l'accompagnait sur le toit de l'ancienne grange. Ce soir-là, Huguette Grenier, la productrice des Concerts de Sainte-Pétronille, qui m'avait loué Le Galendor pour Lagoya, me prédit un temps difficile: «Tu seras seul contre toutes les jalousies. Quand tu fais des choses, les autres veulent tenir ta place.» Elle a eu raison. À la fin de la première saison, Le Galendor est déjà en situation financière difficile, et un comédien de Québec cherche à s'en emparer dans mon dos. Mais je peux le déjouer à temps.

Dès le premier été, je fais venir du renfort. La maison est devenue une commune familiale. Ma mère, deux de mes sœurs, Odette et Francine, mes deux frères, François, Louis et sa femme Hélène, Winston

McQuade, l'annonceur de radio, sa compagne France et leur fille Pénélope habitent avec Gabrielle et moi, composant l'équipe du théâtre. Ma famille biologique accueille ma famille culturelle. Nous passons des journées et des soirées extraordinaires d'amour et d'amitié. Moi qui avais quitté la maison paternelle dès l'âge de vingt ans, je reprends goût à la vie familiale. Nous faisons ensemble œuvre utile et je peux apporter à ma mère autre chose que les inquiétudes et les humeurs noires de mon père. La complicité familiale est entière. La bonne humeur règne sur la maison. Ma mère peut déployer sa bonté et mon jeune frère François, son humour. Quant à moi, j'apprends mon rôle de chef de la tribu. Souvent, le soir, je suis le seul à pouvoir endormir l'enfant Pénélope, avant de monter au théâtre. En somme, l'intime se mêle au social, et notre entente est culturelle aussi bien que de toute tendresse.

Un dimanche d'août, la petite commune familiale est atteinte par un événement tragique. Ma belle-sœur Hélène trouve mort, étouffé dans son landeau, le petit Christophe, son fils de trois mois. Mon frère Louis tente désespérément de ranimer l'enfant puis l'emmène en vitesse à l'hôpital. Depuis ce jour, la douleur ressemble, pour moi, à la prostration de jeunes parents qui ont vu leur amour coupé en deux.

Les raisons de fêter ne manquent pas, pour les gens de théâtre. Ma mère le sait, qui est toujours prête à recevoir les artistes après le spectacle. Un buffet bien garni — salades et quiches, charcuteries et fromages — pour de joyeux mangeurs comme Michel Garneau ou le comédien Jean-Pierre Masson, ou plus frugal pour Pauline Julien. La maison est ouverte à tout le monde. Inoubliable soirée, entre autres, que celle qui réunit Catherine Bégin, Raymond Bouchard, Marie Tifo, Marc Legault, Louis de Santis et bien d'autres autour de

Pierre Thériault, cet animateur amusé d'une boîte à sur-
prises des sentiments, joyeux funambule qui bientôt va
tomber en bas de son fil de fer. Il nous aura laissé le
souvenir d'un pierrot qui avait l'âme à la tendresse,
comme le chante notre chère Pauline Julien.

Félix Leclerc vient quelquefois à la maison, les
soirs de relâche. Il s'installe au bout de la table. Je sors
le cognac et nous parlons ensemble avec ma mère des
«choses de la vie», des enfants du pays et de la confiance qu'il faut avoir en soi pour créer. Durant des
heures, Félix, ma mère et moi faisons la conversation
en une belle connivence rieuse. Car Félix est un
homme foncièrement joyeux. Ma mère est à l'aise avec
lui comme avec tous les artistes. Elle questionne, elle
discute, elle exprime ses opinions et s'affirme librement. Je n'ai jamais vu ma mère aussi engagée dans
une conversation qu'avec Félix Leclerc, un homme de
sa génération.

L'été 1973 est d'abord marqué par le succès de la
pièce de Félix Leclerc, *Qui est le père?*, mise en scène
par Yves Massicotte, qui la joue avec Jean-Pierre Masson, Louis de Santis et le sympathique Basil Fitzgibbon.
La comédie a pour thème l'indépendance du Québec.
Dans un texte qu'il m'a confié pour le programme du
théâtre, Félix Leclerc écrit: «L'ennemi n'est pas l'Anglais,
c'est nous, les désunis, les divisés, qui n'arrivons pas à
faire un tout.» L'action de la pièce illustre le réveil de
Jean-Baptiste le Québécois, qui se rend compte que ses
voisins Uncle Sam et John Bull sont aussi «le père... de
la situation». Jean-Baptiste comprend qu'il n'a été
jusque-là qu'un «esclave suralimenté» et se décide enfin
à réclamer son indépendance. Le public rit de connivence. La salle est pleine tous les soirs. Le Galendor
semble installé. Mais je dois admettre que je ne suis pas
un gestionnaire averti. J'ai fait de mauvaises prévisions

budgétaires et je perds de l'argent à chaque représentation. Félix, mon associé, qui avait promis à son ami le populaire Jean-Pierre Masson un cachet un peu trop élevé pour nos moyens, mais que je me dois de respecter, accepte de renoncer à ses droits d'auteur dans l'immédiat. La situation financière est difficile malgré le succès.

L'été fini, la famille rentre en ville. Je reste seul dans cette grande maison avec ma nouvelle compagne, Isabelle, rencontrée à Paris l'hiver précédent. Le Galendor est en faillite technique et le ministère des Affaires culturelles refuse de subventionner un «théâtre d'été» voué à la création. Je dois me rendre à l'évidence: je ne peux plus faire fonctionner un théâtre endetté de quarante mille dollars. Félix et moi décidons de rembourser nos emprunts à la Caisse populaire de Saint-Pierre et je cède le bail du théâtre — les dettes en moins — à l'agent de Félix, Pierre Jobin, qui exploitera les lieux l'été prochain sous le nom de Théâtre de l'Île. C'est la fin du rêve.

Isabelle et moi passons tout de même l'hiver à Saint-Pierre, seuls et presque sans le sou, dans la grande maison animée par un tout jeune chien labrador, que j'ai baptisé Sorcier. Mais il se fait bientôt happer par une motoneige et le vétérinaire, qui ne peut pas sauver la vie de l'animal, voyant ma peine, me fait cadeau d'un des chiens qu'il garde dehors dans son chenil, non loin de chez moi. J'ai déjà eu quelques jeunes chiens, un braque, un berger allemand, avec lesquels je n'ai pas su établir une relation viable, et je redoute le même échec avec un chien adulte.

Ma nouvelle bête est un impressionnant labrador noir. Il s'appelle Duke et il est originaire de l'Ouest canadien. C'est un champion *retriever* avec pedigree. Je veux en faire un compagnon qui vit avec nous dans la maison. Nous employons la ruse pour le décider à entrer, l'attirant avec des glaçons qu'il court attraper dans la cuisine. Duc — j'ai francisé son nom — comprend vite quelle sera sa nouvelle vie et choisit sa place près de la cheminée. Il m'observe, l'œil à demi ouvert. Je le caresse, il me lèche la main, l'oreille, les joues. Il m'apprivoise comme j'apprends à le connaître. Nous accordons nos signes de reconnaissance. Il aime jouer aussi avec Isabelle, sans toujours lui obéir. Il m'a choisi comme maître. Notre relation se précise au fur et à mesure que s'enrichissent nos codes de communication. Ainsi pouvons-nous vivre d'une amitié réciproque et gratuite.

Duc s'est adapté en toute confiance à sa nouvelle vie d'intérieur, sans oublier son plaisir de courir dans la neige. Quand arrive le printemps, nous descendons au fleuve, le paradis des labradors — comme chacun sait. Il nage avec fougue, il renifle la perdrix qui s'attarde sur les battures et, en bon *retriever*, me rapporte les bouts de bois que je lance à l'eau. Nous voici deux compagnons retrouvant goût à la vie. Nous nous comprenons d'un seul regard et presque par télépathie, Duc et moi! Affectueux, têtu, fidèle à sa race, il finit toujours par m'obéir, cependant, et nos promenades au fleuve et dans les champs sont le meilleur exercice de méditation que je connaisse.

Le printemps venu, Isabelle et moi quittons avec regret la maison de la famille Ferland à Saint-Pierre, mais je ne peux pas accepter de vivre ailleurs qu'à l'île d'Orléans. Nous allons habiter la maison Imbeault à Saint-François. Cette imposante maison de pierre, bâtie au XVIIe siècle, sera le lieu de la catharsis.

L'immense cheminée de deux mètres de côté nous accueille avec ses souvenirs de trois siècles. Autour d'elle vivaient, avec les pionniers français, des animaux destinés au pot-au-feu. Là se blottissait la vie contre l'hiver. Le froid chantait dans les pierres. Aujourd'hui, il s'insinue jusqu'à nous. La maison, longtemps abandonnée, épouse difficilement les saisons. Les épais murs de pierre restent humides malgré le soleil de l'été. La lumière traverse à peine les fenêtres plutôt étroites du rez-de-chaussée. La maison ne rend plus justice aux légendes qui la hantent ni au folklore auquel elle appartient. Le patrimoine en délabrement nous offre cependant de grands espaces où nous pouvons vivre comme si nous avions un pied dans le passé et l'autre prêt à nous déporter ailleurs, dans quelque avenir créateur. Car je deviens une sorte de *guetteur mélancolique*.

Dans la maison Imbeault, je me sens un peu en retrait du monde et cela me permet de mieux traverser ma peine d'un théâtre perdu. J'apprends à me recueillir sans me recroqueviller, puisque j'ai repris du service dans le journalisme, au quotidien *Le Soleil*. Je me rends à Québec tous les jours, je visite les galeries d'art et je me remets à la chronique littéraire, ce qui a pour effet de me distraire de mes nostalgies. Quand je rentre de Québec à Saint-François, je passe devant le Théâtre de l'Île à Saint-Pierre et ce n'est pas sans un pincement de cœur que je le vois peint à neuf avec son nouveau nom tracé en grosses lettres sur le toit de la grange. Quelques années plus tard, quand paraîtra *Le petit livre bleu de Félix*, je pourrai lire: «Un théâtre en deuil, on le peint en blanc.»

Ce deuil, la Superfrancofête m'aide à l'accomplir. Le rassemblement, qui a convié à Québec des représentants de tous les francophones du monde, me fait rencontrer des griots africains fascinants et un poète mauricien, Jean-Gérard Théodore, qui est venu chanter en créole contre la mémoire coloniale. Loin de son île Maurice, libre enfin de s'appartenir, il décline son destin. Au cours d'un entretien-choc pour le journal, il me raconte les misères de son pays et clame sa révolte: «À

quoi sert le soleil, si on ne peut chanter librement, si
on ne peut aimer qui l'on veut, si la couleur de votre
peau est un signe déterminant?»

Au café Le Chantauteuil, où je vais traîner en fin
d'après-midi, je rencontre un autre poète, écrivain et
auteur-compositeur, Michel Buhler, que j'ai connu à
l'hiver 1973 à Lausanne. J'étais venu de Paris avec son
agent Gilles Bleiveis pour l'entendre chanter un soir au
Lapin Vert et je suis resté plus de dix jours dans le Jura
suisse, à Lausanne et Yverdon, puis à Sainte-Croix, chez
les Buhler, à boire de l'alcool de pomme le soir, du vin
de pissenlit obligatoire le matin et à visiter ce pays de
montagnes presque en silence avec Michel. Une solide
amitié nous a tout de suite unis. Ses parents m'ont reçu
le plus chaleureusement. Son père était chanteur de
yoodle comme celui de Vigneault était conteur. J'ai
découvert un monde de tendresse et Michel est entré
dans ma vie comme un nouveau frère. Il écrit des chansons que j'aurais voulu écrire. Simples et généreuses, à
la défense des exclus et des oubliés. Des chansons
ancrées dans la tendresse du quotidien contre «ce pays
qui dort» et parce que «la terre est un jardin». Des chansons qui évoquent aussi la rue Sainte-Catherine de
Montréal et les paysages de la Côte-Nord. Car ce poète
suisse romand, ami de Gilles Vigneault, aime aussi le
Québec et les Québécois.

Michel Buhler! Le voici devant moi au Chantauteuil,
riant de la surprise qu'il me fait. Il me présente aussitôt
Sala, une «Esquimaude» qu'il vient de rencontrer. Elle
parle à peine l'anglais. Il lui parle avec les yeux. Une ou
deux bières et quelques confidences nous réunissent de
nouveau. Puis je l'invite en compagnie de Sala à l'île
d'Orléans avec d'autres amis pour un repas de grillades
cuites dans le bel âtre du XVIIᵉ siècle.

La soirée est assez chaleureuse et romantique pour
que Michel Buhler se retire avec Sala dans une des

chambres de l'étage. En bon complice, je me fais le disc-jockey de leur rencontre amoureuse. Je fais jouer quelques morceaux bien choisis. Des chansons de Buhler, bien sûr, d'Aragon-Ferré, de Brel et de Vigneault, puis des musiques «de circonstance»: le *Concerto d'Aranjuez* de Rodrigo, le *Canon* de Pachelbel, des extraits de *Carmen*; tout ce qui est bon pour accompagner les ébats de nos amoureux. De temps à autre, Buhler se montre le bout du nez en haut de l'escalier pour me menacer de je-ne-sais-quoi, puis il retourne dans la chambre avec la belle Sala d'un autre bout du monde.

Quelques mois plus tard, il fera de Sala une chanson d'amour et d'adieu, la plus douce qu'on ait entendue, fondée sur un vers extrait de *Solitude* d'Apollinaire, et qui chante ainsi:

Nous ne nous verrons plus sur terre
Et nous allons bientôt mourir
Dans vingt, trente ans la belle affaire
Je ne verrai plus ton sourire
....
Nous aurions pu devenir vieux

Sala réapparaîtra dans un autre texte de Michel Buhler, qui se lit comme un conte de la mémoire amoureuse:

Vous quitterez le Chantauteuil, et vous aborderez très loin, dans le Grand Nord, au fond d'une crique à peine débarrassée de ses glaces, où la toundra vient se fondre dans la mer, au pied de quelques baraques en planches où flotte une odeur de tourbe et de poisson séché.

La maison Imbeault a longtemps été habitée par des groupes d'artistes, m'apprend le peintre Denys Morisset, qui a profité des lieux dans les années soixante en compagnie d'Edmund Alleyn, de Claude

Piché et d'autres étudiants de l'École des beaux-arts de Québec. Ces jeunes gens, qui cherchaient la liberté loin de la surveillance de la société, appréciaient aussi la beauté champêtre de l'île d'Orléans. Ils étaient les héritiers d'une génération qui avait refusé la révolution automatiste de Borduas et qui aura fait éclore la poétique janséniste et figurative de l'œuvre de Jean-Paul Lemieux, qui est le contraire exact des œuvres de Borduas, Pellan et Riopelle. Par la suite, certains des jeunes peintres des années soixante, comme Suzanne Bergeron, seront finalement tentés par l'abstraction lyrique, mais la plupart resteront fidèles à un esprit plutôt figuratif, comme Piché, jusqu'à l'hyperréalisme pour Alleyn et l'anamorphisme pour Morisset.

Que cherchaient donc les peintres de Québec dans la maison Imbeault? Je comprends leur quête aujourd'hui quand je flâne au grenier, qui leur ferait le plus bel atelier, ce matin. En effet, la lumière pénètre de partout. Non seulement par les fenêtres, mais aussi entre les pierres et les fissures du toit. La lumière glisse sur les poutres et luit sur d'innombrables toiles d'araignée qui se balancent au moindre courant d'air. Cette lumière m'apparaît fragile, prête à se dissoudre en poussière. Dans ce grenier abandonné, elle s'en donne à cœur joie, la lumière perdue des hommes. C'est pourquoi mon ami Jordi Bonet me suggère de recouvrir la maison Imbeault d'un dôme transparent qui la protégerait des saisons. «Ne jamais restaurer le grenier!» me lance-t-il. Plutôt l'envelopper d'une immense bulle protectrice et vivre là dans les rayons de lumière en miettes!

Jordi Bonet, rencontré hier soir chez un voisin et ami commun, a décidé de venir dormir chez moi. Nous avons ainsi quelques heures d'intimité, ce matin, avant son retour au manoir de Saint-Hilaire, qu'il a restauré en partie, ayant fait des anciennes écuries son atelier pour des sculptures monumentales, de bronze ou de céramique. L'artiste d'origine catalane n'est pas seulement le créateur audacieux de la murale du Grand Théâtre de Québec. Il est, en fait, un des plus grands muralistes de l'Amérique du Nord, ce qui est étonnant quand on sait qu'il n'a que son bras gauche, ayant perdu l'autre, enfant, à la suite d'un accident.

Jordi est pour moi une sorte de sage qui m'apprend à maîtriser mes émotions et à diriger mon regard vers la beauté pure. Avec lui, je sais que la poésie habite la vie entière. Son amitié est profonde, vraie, et désintéressée — ce qui me change du monde plus effervescent du théâtre. Il est aussi un passionné de poésie. Cet artiste est un ascète qui se trouve bien en compagnie des mystiques. Aussi profane soit son art de sculpteur, il reste religieux au sens étymologique: pour lui, l'art doit *relier* les humains et les réunir dans une marche vers la beauté.

Jordi Bonet sera le dernier visiteur de la maison Imbeault. Le grenier des lumières perdues n'a pas été sauvé. La foudre l'embrasera le 22 juillet 1975 et le propriétaire n'aura pas assez d'argent pour en restaurer les ruines. Avec la disparition de la maison Imbeault, une partie de ma vie se mue en souvenirs. La catharsis a bien opéré ma métamorphose. J'oublie le ratage du théâtre et je reprends mon élan vers un langage personnel.

Je constate que je me suis oublié en voulant animer les autres — parfois malgré eux. Moi qui croyais avoir tourné en rond, je m'aperçois que j'ai été plutôt hyperactif. Depuis une dizaine d'années, à Québec, j'ai participé à l'organisation de maints événements et à la fondation de nouvelles institutions, personnellement ou comme journaliste. Je ne suis pas étranger au Festival d'été, aux soirées de poésie et de théâtre du Chantauteuil, aux animations culturelles de CFLS Radio, aux fêtes de la Saint-Jean-Baptiste sur les Plaines d'Abraham, à la Nuit de la poésie du Galendor en 1971, et même au Théâtre du Trident, que j'ai fondé avec six autres personnes. Il est temps de faire une pause.

À l'été 1975, après un hiver d'exil à Saint-Vallier de Bellechasse, j'étais de retour dans l'île. J'avais emménagé dans la maison Blouin, voisine de la maison Imbeault, avec Isabelle, qui m'apprend à garder les pieds sur terre, dans les allées du jardin qu'elle entretient avec une passion soutenue. Je la vois qui déracine les herbes et qui piétine les allées de la peur, tandis qu'en moi la nuit de la poésie travaille de plus belle. Isabelle me redonne un avenir. Nous avançons en amour. Nous vivons *dans le don de l'abandon.*

Je fais le bilan de ma vie et cela m'ouvre les possibles du langage. Je comprends, plus loin que la simple expression de soi, la nécessaire condensation du poème. Le choc des mots qui s'abstraient de leur sens commun pour rejoindre les racines du langage et en renouveler les formes et les rêves, voilà ce qui fait le poème — fût-il un poème d'amour. Les femmes que j'ai aimées, j'en fais mon dialogue avec l'univers, avec l'imaginaire qui agrandit la mémoire. Mes sentiments deviennent des vases secrets, dans l'hermétisme d'une poésie qui veut contenir toute la vie.

Quand j'écris les premiers poèmes de *Faim souveraine,* à l'été 1975, j'ai l'impression d'entrer dans une nouvelle vie, en possession d'un langage qui pourtant m'échappe et me recommence sans cesse. Ce langage, plus loin que des tableaux de la mémoire, compose un nouveau rêve. C'est la vie mûre qui naît à l'offrande des mots et *la rumeur tellurique partage les lumières.*

La maison Blouin est une modeste habitation en briques rouges, plus ou moins confortable avec sa fournaise au bois dans la cave. Durant l'hiver, au petit matin, quand les braises sont éteintes, le thermomètre peut descendre jusqu'à 50 degrés Fahrenheit. Nous goûtons aux joies de la vie campagnarde, trop contents d'être encore à l'île d'Orléans. L'hiver a ses rudesses. Durant la semaine de Noël, Gaston Miron et Jean-Pierre Guay viennent manger à la maison. Avant la fin de la soirée, la tempête se lève. Malgré nos conseils, ils reprennent la route vers Québec. Mais au bas de la côte, à moins d'un kilomètre de la maison, leur auto s'embourbe, finalement bloquée par un banc de neige, et est presque totalement enneigée par la charrue qui passe sans la voir. Les deux passagers ouvrent les fenêtres de justesse et réussissent à sortir de l'auto, pour finalement passer la nuit et la tempête à l'abri chez les Rousseau au bas de la côte. L'hiver a aussi ses beautés. La neige agrandit le paysage. Nous admirons dans toute sa majesté le mont Sainte-Anne et ses pistes de ski, de l'autre côté du fleuve. La lumière boréale découpe le pays avec éclat. Je vais travailler au journal *Le Soleil* trois jours par semaine, écrivant certains de mes textes à la maison, où j'ai pu aménager un immense bureau et une bibliothèque devenant de plus en plus idéale.

Amorcé chez moi, rue Saint-Louis, à Québec, il y a quelques années, le projet d'une revue littéraire se précise. Pierre Morency, qui vient d'acquérir un chalet sur les battures de Saint-François Sud, me visite régulièrement, en compagnie du peintre Claude Fleury et du poète Jean-Pierre Guay. Nous allons préparer le premier numéro d'une revue qui, fondée à l'île d'Orléans, s'appellera *Estuaire*. Mais je ne vais pas oublier la leçon du Galendor et je m'empresse d'impliquer mon amie Pauline Geoffrion comme administratrice. Celle qui a fait avec tant de succès le Théâtre pour enfants de Québec et la productrice de la compagnie de films Cénatos, qu'elle a fondée avec les frères André et Louis Ricard, soutiendra même la création de la revue en investissant les deux mille dollars nécessaires à l'impression du premier numéro, qui paraît en mai 1976. À nous ensuite de trouver les abonnés qui feront vivre *Estuaire*. Ce que nous réussissons grâce à un stand bien animé au Salon du livre de Québec et à un travail acharné de Pauline Geoffrion et de l'équipe de rédaction.

Dans un deuxième temps, je veux assurer la continuité de la revue en créant une structure stable. Nous formons une corporation à but non lucratif, qui s'occupera de la gestion de la revue. Cette fois, j'aurai réalisé l'arrimage de l'administration et de la direction artistique. Peu enclin à travailler en groupe, Pierre Morency quittera la revue après le troisième numéro. Pour ma part, j'en resterai le principal animateur presque sans interruption durant les dix années suivantes, tout en prenant soin de renouveler régulièrement le comité de rédaction. J'avais trouvé le moyen de réunir mes désirs d'animateur et ma passion de la poésie. À la fin des années quatre-vingt, je pourrai confier la revue à la structure solide d'une maison d'édition, Les Écrits des Forges. Vingt ans après sa fondation, *Estuaire* reste la seule revue québécoise vouée exclusivement à la poésie et à la diversité des écritures contemporaines. Pour moi, l'échec du Galendor est racheté par la continuité d'*Estuaire*.

Bientôt, ma vie de chroniqueur littéraire m'amène régulièrement à Montréal. Le réalisateur Gilles Archambault m'invite à participer à l'émission hebdomadaire *Lectures au pluriel*, animée par Wilfrid Lemoine au réseau FM de Radio-Canada. Puis, c'est le réalisateur Pierre Villon qui me commande un récit autobiographique pour la série *Un écrivain et son pays*. J'écrirai difficilement, comme pour une délivrance, ce texte sur mes origines et mon apprentissage de la culture, que j'intitule «Pays natal brut», et qui marque ma véritable entrée en littérature, parallèlement à ma poésie.

Je quitte pour de bon l'île d'Orléans, ma vie avec la douce Isabelle, et je ramène le vieux Duc chez son ancien maître le vétérinaire, en janvier 1978, quand on m'invite à prendre la direction des pages culturelles du *Devoir*. Mais j'aurai accompli, à l'âge de quarante ans exactement, mon «jour d'atelier», mon cycle d'apprentissage pour arriver au seuil de la maturité. J'aurai fait le tour de mon île, j'aurai pris possession du pays et de la culture qui m'ont fait naître à moi-même. Ainsi l'île d'Orléans est mon véritable pays natal, c'est-à-dire le lieu où j'ai pu m'épanouir. Dans le même sens qu'il faut lire le vers de Gaston Miron: «en vue de villes et d'une terre qui te soient natales». Plus que jamais, l'île d'Orléans m'habite, avec les souvenirs de mon père et la patience d'aimer de ma mère, terreau de mon langage. Partout où je vis, où je vais, j'emporte avec moi cette île première. Et ce n'est pas sans un sourire que je me rappelle que Montréal, où j'habite maintenant, est aussi une île. Une île avec ses lumières de nuit, ses foules passionnées de fêtes culturelles, ses artistes, ses écrivains et ses poètes prêts à affirmer, comme Claude Beausoleil, que *Montréal est une ville de poèmes, vous savez.*

Je reviendrai à l'île d'Orléans pour les réunions de famille du jour de l'An, dans les années quatre-vingt, et pour y passer les vacances d'été, au début des années quatre-vingt-dix.

Aussitôt installé à Montréal, je reçois cependant la visite-surprise d'un ami de l'île d'Orléans, Conrad Lapointe, ébéniste-sculpteur établi à Saint-Pierre. Il m'apporte une table ronde à rallonge en merisier et ses quatre chaises. Un cadeau royal de cet ami qui veut «faire un meuble québécois avec nos idées, notre bois». En fait, il dessine un meuble où se lient l'allure ancienne et la ligne originale. La table qu'il m'apporte, il l'avait d'abord donnée à Félix Leclerc, il y a un an, en attendant de lui dessiner un meuble plus élaboré — ce qui est fait. J'hérite donc de la table de Félix, sans me plaindre de l'usure! Le plateau est ceinturé d'un élégant rideau de scène orné d'une imitation sculptée de tête froncée qui est de toute finesse. Le pied majestueux s'ennoblit d'une fleur de lys stylisée. Les motifs de la table sont reproduits sur la traverse supérieure des chaises à oreilles et à dossier tressé à l'ancienne. L'ensemble est unique, chef-d'œuvre d'un artisan silencieux de mon pays. Merci, Conrad!

Puisque ma mère et trois de mes sœurs résident dans la région de Québec, le reste de la famille se déplace vers la Vieille Capitale, à l'occasion de Noël et du jour de l'An. Nous nous réunissons tantôt chez ma mère à Sainte-Foy, tantôt chez Monique à Cap-Rouge, ou chez Odette à Sainte-Famille de l'île d'Orléans et, pour le repas du Premier de l'an, chez Paule à Sainte-Pétronille, à l'autre bout de l'île. Là, on donne les étrennes aux enfants et l'on «gâte» ma mère, si heureuse d'avoir tout son monde autour d'elle.

Paule, qui est céramiste et musicienne dans la vie privée, habite à Sainte-Pétronille une petite maison coloniale avec vue sur le fleuve et sur Québec. Son mari, Florian Sauvageau, est un vieil ami que j'ai connu au poste de radio CHRC où nous avons fait ensemble nos débuts dans le journalisme. Conseiller en communications réputé, il enseigne à l'Université Laval. Cet honnête homme, plus sage et prudent que frileux, appartient à une race plutôt rare en notre siècle. Il est une sorte d'ange gardien de l'éthique dans nos médias. J'ai avec Paule et Florian une complicité qui date de nos vingt ans et que j'aime bien retrouver en famille comme en amitié.

Fin décembre 1987, la semaine qui précède la réunion annuelle de la famille chez Paule et Florian, je passe quelques jours de vacances à l'auberge La Goéliche de Sainte-Pétronille, avec Micheline, la femme de ma vie. Malgré le froid intense, nous faisons de longues promenades sur les battures et dans le village. Le souvenir de mon père me hante comme un aimant qui me ramène toujours au bord du fleuve où se forment déjà les glaces. Rentrant à l'auberge le soir, je suis obsédé par un poème qui me tourne dans la tête:

> À l'estuaire un homme veille
> ce n'est pas moi mais le visage des mots
> qui m'accompagnent ces images
> des passants dans le silence du fleuve.

Peu à peu m'apparaissent les figures de ma mère et de mon père. Elle qui m'a dit, il y a quelques mois: «Je suis encore capable d'être la petite fille qui donne à manger au cheval blanc.» Lui qui répond, de l'autre côté de la terre: «Tu m'as tiré du puits de la mélancolie, petite femme sans colère. Tu m'as aimé malgré moi. Nous étions deux. Tant de souffrance puis tout l'amour. Nous avons fait un beau voyage. Nous aurions pu vieillir ensemble. Nos enfants auraient le droit de chanter.» Alors, le poème peut surgir de la musique incessante des glaces qui dessinent la blancheur du temps:

> est-ce la plainte de mon père
> que j'entends ou son rire perdu
> qui s'amoncelle au pied du quai
> mon père devenu le paysage
> qu'il aima sans savoir oublier
> la douleur de n'être plus
> que son ombre.

Ce poème, que j'ai intitulé *Le visage des mots*, je l'ai offert à ma mère comme étrennes, cette année-là.

L'occasion de revenir à l'île d'Orléans se présente à l'été 1991, quand Réal Ouellet, un ancien confrère d'université, me propose l'échange de ma maison des îles de la Madeleine contre la sienne, sise à Saint-François, en face de la maison Blouin, que j'avais habitée à la fin des années soixante-dix. Le lieu est enchanteur pour moi, qui retrouve un paysage familier, mais aussi pour Micheline qui, éblouie par l'été dans l'île, s'occupe du jardin, des fleurs et du potager, tout en poursuivant l'écriture de son recueil de nouvelles *Vol de vie*.

J'entreprends avec enthousiasme ce pèlerinage dans l'île, présentant à Micheline mes amis les uns après les autres. Nous allons saluer Colombe et Conrad Lapointe, l'artisan toujours fidèle à son rêve. Puis nous faisons notre marché chez Blouin, le boucher de Sainte-Famille. Le père est mort mais le fils me reconnaît et poursuit la conversation amorcée dix ans plus tôt. Il garde la fierté de son métier en maintenant la qualité du service et l'attention qu'il porte à ses clients. Un autre jour, bien sûr, nous allons embrasser Gaétane, la veuve de Félix Leclerc, à Saint-Pierre. Après les salutations, Micheline va s'asseoir dans la chaise berçante au bout de la table. Gaétane, interloquée, lance: «C'est la première fois que quelqu'un s'assoit à la place de Félix depuis sa mort en 1988!» Micheline répond en riant: «C'est la meilleure place, ici!»

L'émotion de cette visite se poursuivra dans la maison de Réal, où nous invitons Gaétane à manger avec nous. Ces retrouvailles sont aussi l'occasion pour nous de rencontrer Nathalie et Francis, les deux enfants de Gaétane et Félix, que j'ai connus bambins et qui ont aujourd'hui vingt ans. Francis nous montre ses écritures et nous raconte sa passion du cinéma. Nathalie, plus secrète, avoue finalement qu'elle écrit des chansons à son tour. Gaétane, qui a troqué une vie d'écrivain contre son amour avec Félix, est particulièrement fière de ses enfants artistes et nous répète cent fois plutôt qu'une le bonheur de sa vie avec Félix. «Je peux dire aujourd'hui que j'ai rendu Félix heureux!» nous confie l'énergique Gaétane. De mon côté, je peux ajouter que j'ai été un témoin privilégié de ce bonheur qui commença à l'île d'Orléans.

En cet été qui nous ramène à l'île d'Orléans, nous revoyons ma mère. Elle passe quelques semaines à Sainte-Famille, chez ma sœur Odette, qui habite une magnifique maison d'érablière avec sa fille Noémi. Il en sera de même à l'été 1993, quand nous reviendrons en vacances dans la maison de Réal Ouellet. Ma mère vivra quelques jours avec nous. Elle racontera à Micheline ses bons souvenirs et les bonheurs d'une vie remplie d'amour. Même affaiblie par la vieillesse, elle nous montrera encore son goût de vivre. Je la revois qui marche lentement dans le chemin qui longe le jardin pour descendre au fleuve. Elle se rend jusqu'à la lisière de la forêt et remonte vers la maison à pas menus. Ma mère se sent chez elle dans l'extrême douceur du paysage de l'île d'Orléans. Je ne sais pas à quoi elle pense, mais je la vois sourire au loin, sourire encore et toujours, avec le fleuve qui passe derrière elle, accompagnant à jamais la beauté immobile de mon pays natal.

Mon ami Félix

Mon souvenir de Félix Leclerc est celui d'un homme libre. Dans sa vie, dans son métier, dans ses terres. Il savait ce qu'il voulait, pour lui et pour les autres. Certes, son œuvre est une inscription sociale, mais l'homme cultivait d'abord des convictions personnelles sur la justice, le droit au bonheur et l'urgence de la poésie. Il incarnait tout à fait son nom, dans le sens de la félicité.

J'ai connu Félix Leclerc alors qu'il sortait «de ce pays vieux/que sont [s]es naufrages», prêt à réveiller ses équipages pour entrer dans une deuxième vie. J'ai rencontré le géant au moment où il se délestait d'une ancienne douleur et se préparait à inviter l'enfance «à s'attarder le temps qu'il faut,/qu'elle empoche des images pour les soirées d'hiver».

Il venait de redécouvrir l'amour, qui s'appelait Gaétane. Il venait de donner un coup de pouce à la Révolution tranquille avec sa pièce *Les temples*, mais nous avions mal reçu la leçon. Il allait partir pour mieux nous revenir.

J'avais d'abord connu l'existence du poète dans l'intimité de ses chansons, comme beaucoup d'adolescents du milieu des années cinquante. Mais j'ai pris la mesure de sa présence avec la pièce *Les temples*, jouée à la Comédie canadienne, en janvier 1966. La critique montréalaise avait rejeté l'œuvre assez violemment. Jean Basile, le critique d'origine russe et d'éducation parisienne qui tenait la chronique théâtrale au *Devoir*, était sorti de la salle en invectivant les comédiens. Il avait écrit un article plutôt méchant et blâmant le manque de modernité de l'œuvre. Cependant, le public avait défendu la pièce de Félix dans de nombreuses lettres de protestation aux journaux.

Je suis à ce moment-là le jeune critique de *L'Action-Québec*. En voyant la pièce, je me rends compte qu'elle porte justement sur le drame de l'incompréhension entre les hommes, de l'impossible dialogue entre le père et le fils, entre les sociétés ancienne et nouvelle. Comment ne pas être touché par ce thème, dans le Québec de 1966, tout près d'éclater? Le drame des *Temples* n'est pas seulement social, il est politique. Le roi lègue le pouvoir à son fils, qui fait le procès des Temples: l'ordre, la religion, l'amusement, l'amour, la mort. Mais le fils est jeté en prison et la vie reprend comme avant: le vieux règne des corruptions se réinstalle.

Les temples sont un miroir de notre société en mutation. C'est ce que je veux démontrer dans la page complète que je lui consacre dans *L'Action-Québec*, le 4 février 1966: une description de la pièce, une analyse de ses thèmes et une critique élogieuse du spectacle, complétées par des photos de la représentation et de l'auteur. Quelques jours après la parution de ce pavé, qui prend le contre-pied de la critique montréalaise, je reçois au journal un mot de remerciement de Félix Leclerc: «Vous êtes un gros bateau, vous vous promenez dans notre vie culturelle...», ou quelque chose d'approchant. Je n'ai plus cette lettre sous les yeux, car je l'ai déposée à la Bibliothèque nationale du Québec.

Quelque temps après, revenant de Montréal où j'étais allé voir un autre spectacle, je traverse une formidable tempête de neige, mettant cinq ou six heures à atteindre Québec par la route 20, afin de voir Félix Leclerc sur scène pour la première fois, à l'amphithéâtre de l'École normale, boulevard de l'Entente. Je suis totalement conquis par les chansons du poète. Je vais le saluer après le spectacle. C'est notre première rencontre. Félix m'accueille chaleureusement dans sa petite loge. Nous nous promettons de nous revoir prochainement. Il aura apprécié que je défende *Les temples*, à tel point qu'il me le répétera, bien des années plus tard, dans une lettre du mois d'août 1983: «Après *Les temples*, il n'y avait que toi de mon bord dans toute la ville. [Signé] Félix Leclerc. Je me souviens!»

Ses chansons, je les ai écoutées vers l'âge de seize ou dix-sept ans, mais j'en saisis vraiment l'originalité, la poésie et la portée à l'occasion du récital de l'École normale. En fait, le poète m'apparaît dans toute sa présence. Son œuvre fonde véritablement notre culture moderne. Il est le lien indispensable entre ce qu'on appelle culture savante et culture populaire. Il chante les valeurs fondamentales et proprement poétiques d'une société qui est la nôtre. J'écris pour *L'Action* un article qui fait de Félix le «Prince du pays». Ma critique évoque les chansons d'un homme qui aime et souffre, d'un philosophe à la recherche d'un bonheur, d'un «fils du vent» à tête de chêne. La source grandit jusqu'à l'arbre. Je n'en doute pas, Félix incarne mon pays, le Québec, dans son histoire et son évolution. Un grand élan de tendresse et de reconnaissance me porte dorénavant vers cet homme unique, vers ce pionnier, poète populaire malgré nous, avec nous, pour nous.

En somme, Félix a relevé le défi de Nelligan: sa poésie, chantée, est aussi populaire que celle de son prédécesseur et sa maturité coïncide avec celle de la société québécoise, enfin sortie des ornières du XIXe siècle, grâce à la Révolution tranquille. La passion de la poésie de Félix, plus loin et autrement que celle de Nelligan, en se détachant d'une esthétique française, participe de cette maturation, qui n'a pu avoir lieu sans une reconnaissance de ses racines et de ses possibles.

Quand Félix m'écrit pour me demander la permission de reproduire mon article, «Prince du pays», sur la pochette de son prochain disque, il me fait le plus beau cadeau que je puisse recevoir de ma culture à ce moment-là. Le microsillon s'intitulera *Mes longs voyages*. C'est peut-être le plus sombre et le plus sérieux du poète, au bord de l'amertume parfois. «Je brise tout ce qu'on me donne/Plus je reçois et moins je donne», dit la chanson d'amour intitulée *Ailleurs*. Dans *Mes longs voyages* puis dans *Dieu qui dort*, le poète fait le bilan de son parcours, il affirme un amour nouveau et se déclare «insoumis».

Ce disque clair-obscur correspond à une période charnière de l'itinéraire de Félix. Attaqué tour à tour dans sa vie personnelle, puis comme auteur dramatique, il décide de s'exiler pour un temps en Europe, où le conduit une nouvelle tournée.

Alors Félix convoque ses amis dans un restaurant de Québec après son récital d'adieu. Il est accompagné de Gaétane. Autour de la table, ses voisins de l'île, Jos Pichette, sa femme et son frère Jean-Pierre, gardien de phare à l'île; des interprètes de son théâtre, Monique Miville-Deschênes et Yves Massicotte; son nouvel agent français, Jean Dufour, et deux journalistes, Jean-Claude Le Pennec, qui publiera bientôt une étude, *L'univers poétique de Félix Leclerc*, chez Fides, et moi, le dernier arrivé dans le cercle des intimes.

La gaieté la plus franche nous réunit autour du «Roi heureux». Puis, au fil de la conversation, je lui demande pourquoi il tient tant à partir pour l'Europe. La réponse de Félix oscille entre l'aveu et la fable:

«Vous autres, vous êtes jeunes et le pays a besoin de vous. Moi, je suis un vieux bateau fatigué qui a traversé bien des écueils, qui veut aller plus loin pour voir plus clair. Je n'ai aucune amertume. Je veux apprendre le monde. Je veux voir des adultes. Ici, on en est encore à la saison des erreurs et des bêtises.

«C'est normal, continue Félix, nous défrichons une forêt vierge. Nous ne savons pas s'il est midi ou minuit. Mais moi, après avoir tellement bûché tout seul, je suis fatigué. Il y a beaucoup de jeunes, mais, à un moment donné, ils délaissent notre chemin. "J'ai compris, dit l'un, je prends le chemin de l'argent"; "J'ai compris, dit l'autre, je prends le chemin de la facilité". Soudain, on se retrouve seul, avec personne derrière soi. Moi, répète Félix, je veux rencontrer des adultes.»

Puis, jetant un regard vers moi, Félix conclut:

«Mais vous, vous êtes jeunes, apprenez et faites. Le beau et la laideur ont été distribués à travers le monde, c'est un *free for all*: choisissons le beau.

— Pourquoi pars-tu alors? dit à son tour Jos Pichette.

— Pour que tu t'ennuies de moi. Pour que tu me voies de loin.»

C'est le même «Jos l'Habitant» de la chanson qui avait lancé au début du repas en signe de joie — ou était-ce de désespoir? —: «Demain matin, ma femme, nous n'irons pas tirer les vaches!»

Joyeuse soirée où je vois un peu mieux l'ami Félix au naturel! Il est fier et doux, cet homme, à la fois généreux et prêt à battre en retraite s'il le faut. Fidèle à ses amis, se méfiant des autres, il est rusé comme un paysan autour de sa clôture. Il attend de savoir qui vous êtes, avant de se découvrir.

L'exil de Félix durera trois ans. Il reviendra de Suisse avec de nouvelles chansons ainsi que des blagues inédites sur «le chocolat, les horloges, les raclettes» et les abris nucléaires. À l'aéroport de L'Ancienne-Lorette, je l'accueille avec la famille de Jos Pichette. Gaétane et Félix arrivent avec leur premier enfant,

Nathalie, née à Paris. Quant au chien Bobino, un affectueux griffon ramené de Lausanne, il est heureux de
sortir de sa cage pour enfin courir dans les champs de
l'île d'Orléans. Car la famille Leclerc va camper chez les
Pichette. Félix veut acheter du vieux bois de grange de
M. Boulay, à Trois-Rivières, «du bois qui ne bouge plus»,
pour bâtir maison dans l'île, sur un terrain que lui
cédera Jos Pichette. La maison sera construite selon des
plans imaginés par Félix. Il y aura une cheminée courant sur les deux étages, de la salle de séjour à son
bureau, comme dans la maison de son enfance.

Pour ma part, j'habite l'île d'Orléans depuis deux
ans et je viens d'emménager dans la vieille maison de
la famille Ferland à Saint-Pierre. Bientôt, Félix devient
mon voisin, au pays de ses ancêtres et des miens.
Quand, timide encore, je lui demande si je peux aller
le visiter, il répond sans hésiter: «Un ami ne demande
pas la permission de venir te saluer. Il arrive!»

Quand je fonde Le Galendor, il partage ma joie. Il
s'enthousiasme pour les lieux. Il a toujours rêvé d'un
théâtre dans l'île. «Je vais te donner une pièce, si tu
veux.» Mais le premier texte qu'il me propose, *La peur
à Raoul*, n'est pas très convaincant et aucun comédien
ne veut s'y risquer. Félix, cependant, viendra chanter
plusieurs fois au Galendor. Ces récitals me feront voir
le grand artiste à l'œuvre. Professionnel et respectueux
de son public, comme à ses débuts, «un homme les
pieds sur une chaise une heure de temps». Contraire-
ment à la légende, Félix aime chanter pour son public.
Il a le trac et cherche la parfaite communication. Alors,
avant le tour de chant, il répète ses accords, vérifie la
liste des chansons qu'il a collée à l'épaule de sa guitare,
se dénoue la gorge et travaille sa concentration. En
coulisses, il n'est plus avec nous sur terre. Quand il
entre sur scène, il est totalement présent à son public
et ses chansons portent le poids du monde. Sa voix de

tzigane sait être mélodieuse. J'ai compris, en le voyant chanter au Galendor, combien Félix était amoureux de la musique.

Il a toujours été blessé par ceux qui lui reprochaient d'avoir des musiques trop simples. «Je n'ai pas chanté que des valses!» me répétait-il dans l'intimité. Aussi comprendrai-je, un beau jour, la joie qu'il a ressentie à l'occasion d'une grande visite dans sa loge. Félix venait de donner son premier récital au Grand Théâtre de Québec, à l'automne 1972. Il redoutait les salles moins intimes. Cependant, la soirée avait été parfaitement réussie et il me parlait calmement, après le spectacle. Soudain arrive dans la loge un homme assez grand, tout habillé de noir et l'air très ému. Il s'avance vers Félix, le salue et lui donne la main chaleureusement en disant: «Merci de votre musique, monsieur Leclerc!» Les deux hommes restent l'un en face de l'autre et se regardent intensément. Félix sourit au visiteur et répète: «Merci. Merci à vous d'être là!» Puis, l'admirateur sort lentement de la pièce. Nous avions tout de suite reconnu le grand Yehudi Menuhin.

«Tu sais qui c'est? me lance Félix. Tu as entendu ce qu'il a dit, Yehudi Menuhin? Lui, il connaît la musique!»

Un grand silence envahit ce soir-là la loge de Félix. Comme si notre troubadour voulait laisser s'imprimer à jamais dans sa mémoire la présence gratifiante du grand musicien Menuhin, un ardent connaisseur des musiques populaires du monde. Ce soir-là, peut-être Félix s'est-il aussi rappelé les mots de l'écrivain Joseph Kessel: «Félix Leclerc est avec la musique tzigane l'homme qui, par ses disques, m'a procuré le plus de joies et d'émotions dans la vie.»

Je retrouverai Félix à Paris, à l'hiver 1973. Il vient chanter au Théâtre de la Ville et moi je fais un séjour de quelques mois dans la Ville lumière, grâce à l'hospitalité de la Maison des étudiants du Canada, à la Cité universitaire. La directrice, Mme Suzanne Viau, me permet d'habiter une partie du grenier, à condition que je paie le coût du chauffage à l'électricité.

J'ai donc tout le temps à consacrer à Félix dès son arrivée à Paris. Il me demande d'être en quelque sorte son cerbère contre l'envahissement des journalistes et des admirateurs. J'assiste aux répétitions et aux entrevues. Nous allons manger avec ses amis après le spectacle, puis je vais le reconduire à la porte de sa pension, derrière la place du Châtelet. Quand Gaétane vient le rejoindre à Paris, nous allons manger ensemble à la brasserie L'Alsace, au coin de la rue Saint-André-des-Arts. Je retrouve Gaétane avec joie. Je l'avais connue avec son amie Yolande B. Leclerc, la compagne de Jean-Paul Filion, il y a quelques années. Les deux jeunes femmes écrivaient des textes étonnants d'originalité et de poésie, principalement dans la revue *Émourie* de Gilles Vigneault. Gaétane, à travers sa sensibilité toute féminine, possède un tempérament fort et entier, capable de répondre à celui de Félix. C'est une femme de jeunesse et de santé qui contrebalance, me semble-t-il, la vulnérabilité de l'artiste. De plus, Gaétane a le sens de l'humour et en cela est le meilleur public de son homme. Ce repas de l'amitié donne d'ailleurs l'occasion à Félix de nous raconter les histoires les plus drôles sur le monde du spectacle. Ses tournées avec Raymond Devos et Francis Blanche sont pour lui inoubliables, de même que le partage de sa première loge avec Boris Vian, au Théâtre des Trois-Baudets, rue de Coustou.

Je ne manque pas d'aller visiter ce théâtre, qu'on va finir par détruire, malheureusement. Mais Félix me convainc de tenter une expérience, étrange pour moi et mes comparses. Il me prie d'entraîner quelques étudiants de mes amis au studio de la rue des Dames, un bon matin. Pour quoi faire? Nous le saurons sur les lieux. J'arrive au studio, vers neuf heures du matin, avec Isabelle, ma nouvelle compagne, étudiante en histoire rencontrée à Paris, de même qu'avec Reine, une amie que j'ai connue à Québec, leur confrère Benoît et quelques autres résidents de la Maison du Canada. Félix nous accueille en compagnie de son impresario Jean Dufour et nous explique ce qu'il attend de nous. Une chorale! Je suis nommé chef d'une chorale qui doit chanter avec lui *Les rogations*:

> Il fait froid en Gaspésie
> Fermons le détroit de Belle-Isle
> ....
> Vendons des morceaux de province
>
> C'est déjà fait y a pas de problème
> ....
> Les Américains nous vendent not' huile
>
> Oui mais on a une belle vue
> Les païens font nos habits avec la laine de nos moutons
> Oui mais on a une belle vue
> ....

Nous répétons avec acharnement ces rogations adaptées d'un chant grégorien que nous reconquérons petit à petit, en deux ou trois heures de répétition. L'expérience ne sera pas concluante, cependant. Les voix ne se fondent pas ensemble. Nous ne sommes pas des professionnels, rien que des jeunes gens amusés d'enregistrer une chanson drôle avec Félix. Ce dernier trouvera mieux que nous, plus tard, quand il enregistrera *Les rogations* avec Gilles Vigneault, Monique Leyrac et Jean-Pierre Ferland, ses vieux complices professionnels! Mais je n'oublierai jamais cette matinée de rires et de fous rires en studio, où Félix me semble heureux comme un poisson dans l'eau. Nous avons tout simplement l'impression de participer avec lui à un mauvais coup qui pourrait faire rire bien du monde!

Je suis au Théâtre de la Ville tous les soirs, pour voir comment Paris aime Félix Leclerc. La salle est toujours pleine à craquer et le public est recueilli pour écouter le «Roi heureux». Quelle n'est pas ma surprise de constater, au fil des récitals, que la chanson la plus aimée des Parisiens et la plus applaudie est *L'alouette en colère*, qui doit leur rappeler sans doute Mai-68, comme elle rappelle aux Québécois les événements d'Octobre 1970. Un soir, avant le spectacle, on vient demander à Félix un billet pour l'épouse de l'ambassadeur du Canada. Je vais voir le préposé à la billetterie. Tout est vendu, il n'y a plus une seule place disponible. Alors Félix de s'exclamer, poliment: «Dites à Mme l'ambassadrice qu'elle s'assoie dans l'allée!» Les jours suivants, Félix racontait l'histoire à tout le monde avec le sourire: «Mme l'ambassadrice du Canada s'est assise dans l'allée!»

Félix me confie alors une nouvelle pièce pour Le Galendor, *Qui est le père?*, que je produirai l'été suivant dans une mise en scène d'Yves Massicotte. Il m'en raconte l'argument en se tapant sur les cuisses. Mais nous ne devinons pas encore comme le jeu des comédiens qui joueront la pièce, particulièrement celui de Jean-Pierre Masson et Louis de Santis, sera le plus drôle et le plus enlevé. La comédie, qui démontre la nécessité de l'indépendance du Québec, sera un grand succès. Notre théâtre de l'île d'Orléans sera plein tous les soirs, cet été-là.

Surtout, cette production de *Qui est le père?* me donnera l'occasion d'observer Félix dans le monde du théâtre. Il en mange, du théâtre, notre Félix. Il redevient presque un enfant quand il discute avec le metteur en scène et les comédiens. Il les aime, les comédiens. Il voudrait aussi être à leur place, d'une certaine façon. Les retrouvailles avec Jean-Pierre Masson, puis avec les anciens «Gesteux», Yves Massicotte et Louis de Santis, ravivent bien des souvenirs, en particulier ceux du temps des Compagnons de Saint-Laurent. Félix vient assister régulièrement aux répétitions. Il prévient Jean-Pierre Masson et Louis de Santis contre le cabotinage.

Mais il laisse toute liberté au metteur en scène. Tout ce qui est bon pour le théâtre peut convenir à sa pièce. Il accepte de faire quelques corrections sans rechigner. Au contraire. Félix est l'auteur de théâtre le plus coopératif et le plus amusé que j'aie connu.

Depuis la Loi sur les mesures de guerre et les abus de pouvoir du Canada contre le peuple québécois, en octobre 1970, le poète a pris conscience de son appartenance. Dorénavant, il se battra du côté de René Lévesque pour l'indépendance du Québec. Il vient souvent discuter avec moi de la question politique. «Est-ce que je dois m'en mêler? Donner des entrevues pour la cause?» me demande-t-il. Je lui réponds toujours: «Ne jouez pas au mythe, Félix. Vous demeurez parmi nous. Acceptez d'aller parler à votre peuple, s'il s'intéresse à ce que vous pensez. L'important pour vous, c'est de rester libre et de ne vous attacher à aucun parti politique. C'est votre liberté de poète qui nous sera utile.» Finalement, après avoir consulté quelques amis, Félix s'engagera publiquement pour la cause de l'indépendance. On sait avec quelle ardeur il a défendu les intérêts de son peuple.

Invité à l'émission de télévision *Noir sur blanc* de la journaliste Denise Bombardier, en décembre 1981, il lancera amicalement: «C'est Jean Royer qui m'a dit de ne pas être un mythe.»

Ayant quitté Le Galendor, c'est en tant que journaliste au quotidien *Le Soleil* et pour tracer un portrait de lui à la radio FM de Radio-Canada que j'ai ensuite revu Félix. Le 20 septembre 1976, il m'accorde un long entretien pour la radio.

Il me parle avec émotion de ses premières chansons, *Notre sentier* et *Sur le bouleau*, écrites à l'âge de dix-huit ans: «Je me suis rendu compte, après un certain temps, que je faisais du défrichage dans la tête, exactement comme mon père l'avait fait physiquement. Lui, c'était le canot sur le dos qu'il faisait son travail de pionnier. Moi, c'était avec le crayon et le papier.»

Il évoque ses débuts à Paris: «On était tous un peu tremblants et émus de se découvrir d'un monde qui commençait à être regardé comme le cinéma, comme le livre et qui s'appelait la chanson. À ce moment-là, j'ai vu que c'était sérieux, la chanson. Tous ces échos nouveaux comme une espèce de chant au sortir de la tragique guerre de ruines, de sang et de désespoir. J'arrivais avec *Le p'tit bonheur* au moment où Édith Piaf chantait *La foule*. *L'hymne au printemps* remplaçait les angoisses de la guerre. Et puis il y avait Trenet, la grande tête, qui avait eu le courage et le génie de dire sous l'Occupation *Y a d'la joie!*»

Durant deux heures, nous retraçons ensemble son itinéraire. Les livres, les chansons, les pièces de théâtre. Félix Leclerc n'est pas un écrivain facile à interviewer. Modeste, secret, il n'aime pas parler de lui. L'homme n'est pas du genre à se vanter de quoi que ce soit. «L'écriture, c'est ma vie», résumera Félix. Selon lui, il faut surtout laisser sa liberté au créateur qui, à son tour, doit se défendre contre les critiques en allant droit au but et en laissant «passer la tempête».

Félix Leclerc devient plus disert quand il parle des autres et de sa patrie. «Je suis hanté par l'idée d'avoir un pays à nous, comme les Français. Faut lâcher la peur. Faut croire en nous. Essayons, toujours! Parce qu'on aura toujours le remords de ne pas avoir essayé: on sera des vieux, tannants, sur nos chaises roulantes, puis on sera laids, on ne sera pas regardables parce qu'on n'aura pas essayé! Qu'on se réveille et qu'on devienne indépendants! Il n'est plus question de séparatisme. Le séparatisme, ce n'est plus nous, c'est les Anglais, c'est eux, maintenant, qui veulent se séparer!

«Sans se prendre pour d'autres, il faut vanter le pays, continue le poète. Il faut dire aux Québécoises qu'elles sont belles. Il faut dire aux jeunes Québécois qu'ils ont du talent à revendre. Il faut dire qu'on a des gars capables d'entreprendre des travaux comme ceux de la Manic. Il faut se donner des bonnes claques sur l'épaule et se dire: "On le fait, le pays."»

«T'es en face d'un homme qui croit aux siens, qui les aime tellement qu'il leur dit des choses dures. Mais ils veulent bien l'accepter parce qu'ils savent que je les aime. Puis moi, je ne suis qu'une petite langue, avec ce que je sais; je ne suis pas un maître à penser, mais je veux seulement dire: ayons confiance en nous! Ce n'est pas de la critique que je fais, c'est de la peine que j'ai: c'est une tristesse qu'on ressent de nous voir si obéissants, si soumis, si inclinés, maudit! C'est ça ma peine, dans le moment: j'essaye de comprendre pourquoi on invite l'étranger avec tant d'insistance à venir découper le pays comme une étoffe.»

Inspiré par Pierre Jakez Hélias, Félix souhaitera enfin que le peuple québécois découvre dans sa tête, comme le peuple breton dans son écurie, son «cheval d'orgueil». «Aux pauvres, il faut de l'honneur, celui qu'achètent les riches», ajoute le moraliste.

C'est en cultivant sa fierté personnelle que Félix Leclerc est devenu un homme libre et qu'il a pu jouer ce rôle de «père» du peuple québécois, durant les deux derniers âges de sa vie. Cette fierté, il l'a aussi acquise en construisant une œuvre originale contre toutes critiques. On le sait, le poète a obtenu un succès immédiat avec ses premiers livres, *Adagio, Allegro, Andante* — contes, fables et poèmes en prose. Bientôt suivront des livres qui deviendront des classiques: un récit personnel, *Pieds nus dans l'aube*, un roman, *Le fou de l'île*, des maximes, *Le calepin d'un flâneur*, et une pièce de théâtre, *L'auberge des morts subites*. De 1943 à 1988, il

aura fait paraître vingt titres littéraires, à côté de ses disques de chansons. J'ai calculé, un jour, que le poète
aurait vendu près d'un million d'exemplaires de ses
livres et Félix n'a pas démenti mon affirmation. Un million de livres! Il faut noter que cela se passait bien
avant le succès mondial du roman *Le matou* d'Yves
Beauchemin. L'œuvre de Félix Leclerc avait ouvert les
chemins d'une littérature populaire.

L'écrivain restait aussi modeste que l'inventeur de
la chanson à texte moderne. Dans les dix dernières
années de sa vie, il a surtout publié des *Calepins*. Les
réflexions spontanées et les maximes de ces carnets
constituent sans doute pour lui des «provisions pour
l'hiver». C'est par ces notations qu'il aiguise son regard
et sa plume. Il se tient en éveil pour aboutir aux formes
accomplies de la chanson, du théâtre et du récit. Il s'est
surtout maintenu, il me semble, du côté de la littérature
intimiste.

D'abord écrivain de radio, dans les années quarante, Félix Leclerc a été bien accueilli par la critique
dès sa première publication. Mais aussitôt acquise sa
grande popularité, il s'est fait tomber dessus par une
critique catholique et puritaine rivalisant de méchan-
ceté. Il faut dire, cependant, que l'œuvre de Félix
Leclerc a toujours eu ses défenseurs et... ses lecteurs. À
la parution de *Pieds nus dans l'aube*, le fondateur de
l'Académie canadienne-française, Victor Barbeau, sou-
cieux d'établir la norme linguistique, se montre le plus
dur envers le poète populaire, dans un article qu'il
publie dans sa revue *Liaisons*. Le professeur souhaite
que notre auteur se fasse «couper les bras pour le bien
futur de notre littérature». Qu'a-t-il pensé quand, en
1987, soit quarante ans après cette attaque, le président
de la même institution, M. Jean-Guy Pilon, est allé
remettre à Félix Leclerc, chez lui, la médaille de l'Académie? L'intelligentsia des années quarante et cinquante, qui ne jurait que par la France, semonçait ainsi

le jeune Félix Leclerc, un de nos premiers écrivains à ne pas copier les Français. Ce qui ne l'a pas empêché de lire Jean-Paul Sartre et d'être admiré par Pierre MacOrlan et Jean Giono. Bientôt, toute la France n'allait jurer que par Félix Leclerc.

Le radicalisme de la critique n'est pas un phénomène exclusif au Québec, où il est cependant coloré par la tentation du chef-d'œuvre absolu. Comme s'il ne devait y avoir de place, dans une culture de *résistance* de langue française dans l'Amérique du Nord anglophone, que pour les œuvres parfaites. Cette attitude «de droite», prête à tout figer, ne permet pas d'accueillir les œuvres charnières, les audaces, les essais, les recherches, l'avant-garde, la nouveauté, ni même les formes plus évasées et populaires, à la portée de tous. Cette critique raidie, formelle et normative s'en tient aux canons déjà approuvés par la tradition. Elle a beau être le fait des personnes les plus cultivées, elle risque en même temps de limiter notre horizon. Le génie de Paul Claudel ne doit pas empêcher la naissance de celui de Yolande Villemaire, par exemple. À Montréal, la société n'est pas si nombreuse et ne peut soutenir que trois grands quotidiens de langue française. Il en résulte que la critique n'est pas aussi diversifiée qu'en d'autres cultures mieux établies. L'effet de la critique radicale peut alors devenir pervers. Il fait souvent boule de neige, donnant facilement prise à une polémique démagogique. Ainsi est mort à la poésie le trop moderne Eudore Évanturel, à Québec, au XIXᵉ siècle. Le critère du chef-d'œuvre absolu est l'argument d'une insécurité culturelle. Il finit, au nom d'un esprit pourtant raffiné, par vouloir étouffer la vie. On comprend alors pourquoi Félix Leclerc a si souvent réaffirmé, tout au long de sa carrière, dans ses *Calepins* et même dans certaines interviews, la liberté de l'écrivain et de l'artiste. Sa chanson *Contumace* n'exprime pas autre chose.

C'est parce qu'il a endossé le destin de son peuple que notre poète populaire s'est réconcilié pour de bon avec les élites québécoises. On a sans doute reconnu à ce moment-là la force et la générosité de cet homme qui, comblé de succès, est encore prêt à se battre pour le respect du Québec. Ainsi Félix Leclerc est-il devenu notre plus grande figure culturelle, tout comme René Lévesque est considéré, de son côté, comme notre plus grande figure politique.

Il est certain que le Félix Leclerc des années soixante-dix est un homme renouvelé. Il a chassé l'amertume, la nostalgie et les mauvais souvenirs. Il est rajeuni par son amour pour Gaétane et la présence de ses deux nouveaux enfants, Nathalie et Francis. J'ai toujours vu ce «jeune père» attentif aux moindres gestes et réactions de ses deux derniers enfants. Leur présence l'a certainement aidé à entrer dans ce qu'on appelle l'âge de la sérénité.

Généreux, Félix l'a toujours été avec ses proches et ses amis. Il n'était pas avare de compliments, quand il les croyait justifiés. Ainsi, dans un de ses *Calepins*, peut-il saluer de belle façon Jean-Paul Filion — le plus intime de ses amis — quand ce dernier publie son roman intitulé *Le premier côté du monde*. Car Filion, ce géant plutôt méconnu, peintre et décorateur de théâtre, n'est pas seulement le poète de chansons épiques telles *La parenté* et *La grondeuse*, mais il est aussi l'écrivain de ce chef-d'œuvre, roman d'apprentissage où il raconte son enfance à Saint-André-Avellin. Alors, Félix fait de sa lecture du *Premier côté du monde* une leçon d'histoire: «Pour bien connaître cette période de soumission, presque de servitude, qui fut la nôtre, tous les Anglais étrangers à nos peines, qui essaient de nous comprendre, devraient lire ce livre, le dernier et le plus complet sur l'époque marginale des adolescents de quarante ans que nous fûmes.»

Félix m'a semblé suivre avec assez d'attention ce qui se passait dans notre littérature, durant les dernières années de sa vie. En 1977, je l'avais invité à publier un de ses textes dans la revue *Estuaire*. Il en avait été très touché. Quelques années plus tard, quand j'avais fait paraître un autre inédit de lui dans *Le Devoir*, il m'avait envoyé une belle lettre sur la solidarité et le rôle des écrivains — rare salut d'un poète à un autre poète:

Île d'Orléans, août 1983

Mon cher Jean,

D'autres se battent pour que la terre soit propre. Toute leur vie y passe.

D'autres vendent des armes extra-sophistiquées. Garanties pour tuer ou argent remis.

D'autres ramassent les mourants et les traînent vers un lit d'hôpital.

D'autres trichent et font fortune.

Toi, tu protèges les poètes. Toute ta vie, tu les as devinés, défendus, présentés l'un à l'autre.

Tu es un vieux poète du Québec neuf!

Après *Les temples*, il n'y avait que toi de mon bord, dans toute la ville.

Félix Leclerc
Je me souviens!

Notre amitié fut toujours aussi respectueuse qu'elle était libre. Au moment où j'ai pris la direction des pages culturelles du *Devoir*, il lança à Montréal son disque *Mon fils* et son calepin *Le petit livre bleu de Félix*. Ce fut une joyeuse occasion de nous revoir, avec Gilles Vigneault, devenu son ami à son tour. Par la suite, quand j'allais à Québec et à l'île d'Orléans, je ne manquais jamais de le visiter ou de lui téléphoner. Notre dernière conversation téléphonique a eu lieu fin décembre 1987, soit quelque huit mois avant sa mort.

Il sortait de l'hôpital où il était allé faire soigner son asthme et son cœur; le ton de sa voix était enjoué, mais manquait de force. Il m'invita à le visiter l'été suivant, «en n'oubliant surtout pas d'apporter des moules non zébrées des îles de la Madeleine!» Farceur et convivial comme toujours, Félix redevint sérieux, puis il me posa, pour finir, les deux questions auxquelles veut répondre toute vie:

«Es-tu toujours en amour, mon ami? Et comment va la poésie?»

La main enchantée de Jordi Bonet

Je revois encore Jordi Bonet, entre ciel et terre, debout sur un échafaudage, dans la rumeur du chantier, la truelle à la main, s'attaquant à un mur de béton frais. De sa seule main gauche, le sculpteur improvise une murale où il grave les formes de l'amour et de la liberté.

Il fait un signe de la main. Des visages apparaissent dans le béton, puis des ailes ouvrent l'espace. Des mots tout à coup surgissent du mur lisse: «... l'infini à remplir». La truelle de Jordi Bonet devient si délicate qu'elle semble tracer les hiéroglyphes d'une civilisation nouvelle, dont le mystère rejoindrait celui de la grotte de Lascaux et des tombeaux des pharaons d'Égypte.

La main unique de Jordi Bonet n'est pas séparée de son corps, qui s'allège sur l'échafaudage. Comme si l'artiste, tel un personnage de Chagall, allait s'envoler d'un geste au-delà du mur. Sa main gauche se confond avec la matière qu'elle découpe de sa truelle de lumière.

«Mais nous avons à devenir des temples», dit l'artiste.

Nous n'avons pas été nombreux à assister à ce spectacle de la création de la murale du Grand Théâtre de Québec par Jordi Bonet et son équipe d'ouvriers, au début de 1969. Le ministre de la Culture interdisait au public l'accès à ce symposium unique. Heureusement, le cinéaste Paul Vézina a pu capter une partie de l'aventure pour un film qu'il a intitulé *Faire hurler les murs*. Cela n'empêcha pas, quand la controverse mit en danger l'intégrité de l'œuvre, deux ans plus tard, que l'artiste s'est d'abord retrouvé seul face à la rumeur de l'ignorance. Il n'avait pas eu l'occasion de suggérer des interprétations de son langage plastique, tandis qu'une partie du public se scandalisait facilement d'une seule petite phrase de poète inscrite dans la murale: «Vous êtes pas écœurés de mourir bande de caves, c'est assez!»

Jordi Bonet opposait la violence de l'art à celle de toutes les morts. Lui, l'héritier de l'art roman et descendant du grand Gaudi, devait défendre la légitimité de son art contre la vulgarité d'un certain provincialisme. Mais ce qui l'a le plus blessé, m'a-t-il confié un jour, ce n'est pas tant d'avoir été obligé de combattre pour conserver la murale du Grand Théâtre que d'avoir été confronté à l'argument de la xénophobie. Certains de ses adversaires lui reprochaient d'être né ailleurs qu'au Québec, qu'il avait pourtant choisi en 1954.

Né à Barcelone en 1932, fils de médecin — son père était un homme sensible et d'une immense culture —, Jordi Bonet fut initié très jeune à l'art roman catalan, qui restera à la source de son œuvre. Enfant, il tomba d'un arbre et cet accident lui fit perdre le bras droit — ce qui ne le détournera pas de son rêve d'artiste. Adolescent, Jordi fréquentera les bas-fonds de sa ville, impressionné par cette vie d'un érotisme qu'il retracera dans ses dessins par la suite. Il ne manquera pas non plus d'être fasciné par l'art baroque de Gaudi, le grand architecte de Barcelone. À ces initiations il faut ajouter les deux pèlerinages que l'artiste fera à Tahull, en 1961 et 1968. Ce petit village du nord-est de l'Espagne est un haut lieu de l'art préroman. Même vidé de ses fresques, transportées au musée de Barcelone, Tahull restera pour Jordi Bonet un lieu de pureté, un espace ouvert pour son art et sa recherche spirituelle.

Il a vingt-deux ans à son arrivée au Québec, à Baie-du-Febvre, puis à Trois-Rivières, où il présentera ses œuvres avant d'aller travailler la céramique avec Claude Vermette à Sainte-Adèle. En novembre 1957, il tient sa première exposition de dessin et de peinture à Montréal. Bientôt, les architectes feront appel à lui: ses murales ornent de nombreux édifices dans tout le Québec. À partir de 1963, il exécutera des œuvres imposantes dans plusieurs grandes villes canadiennes et américaines: Ottawa, Toronto, Vancouver, Chicago, Philadelphie, Charleston, San Francisco, Milwaukee, Cincinnati et New York, entre autres. En tout, une centaine d'œuvres monumentales, des murales dont le matériau est la céramique, puis l'aluminium, le bronze et le béton. En une quinzaine d'années, l'ascension de l'artiste est fulgurante et la somme de son travail, phénoménale.

J'ai connu de près Jordi Bonet au moment où il a créé sa murale du Grand Théâtre de Québec, en 1969, puis à l'occasion de la controverse qui entoura l'inauguration de l'œuvre, en 1971. À l'ouverture du Grand Théâtre, les ouvriers qui avaient travaillé à la construction de l'édifice se mêlaient à un public curieux puis admiratif. Nous nous sommes retrouvés, Jordi et moi, chacun à une extrémité du hall où trône la murale. Certains des ouvriers, voyant que je n'avais qu'une main et prenant ma tête pour celle du sculpteur, venaient me dire leur admiration pour l'œuvre. Je les remerciais tout en lançant un clin d'œil à Jordi, que d'autres ouvriers félicitaient à l'autre bout de la pièce. Jordi s'est aperçu du manège et m'a lancé de grands sourires. Puis nous nous sommes dirigés lentement l'un vers l'autre, jusqu'au centre du hall. Là, d'un même rire ému, nous nous sommes donné la main: à chacun sa main gauche, pour l'amitié parfaite.

Nous nous reverrons souvent par la suite, chez lui, à Saint-Hilaire, dans ce manoir Rouville qu'il a restauré et où il a installé ses ateliers, ou chez moi, à l'île d'Orléans, dans les lumières d'août et de septembre qu'il aimait tant.

L'homme est toujours chaleureux, intense, d'un regard si doux et pénétrant qu'il vous affecte à votre propre beauté. Sa conversation pose sans cesse la question de l'art comme étant celle du sens de la vie. Il est dans sa vie d'artiste comme dans une pratique de la spiritualité. Jordi, ce géant de la sculpture, cet artiste constamment en action, est d'abord un grand méditatif. Je n'hésiterais pas à affirmer que cet homme est un mystique, guidé dans sa vie intérieure par une réflexion sur l'art.

À l'été 1974, l'artiste bafoué de la murale du Grand Théâtre eut sa revanche. On lui offrit de monter deux expositions simultanées au Grand Théâtre et au Musée du Québec. Devant la murale de béton, il plaça ses sculptures d'aluminium, tandis que dans les salles du musée il exposa ses peintures, dessins, céramiques, portes et petites murales de différents matériaux. Le panorama était somptueux. Le public avait enfin devant les yeux des clés pour lire la fameuse murale.

L'art de Jordi Bonet recherche les signes de la terre. À la fois lyrique et surréaliste, baroque et tellurique, cet art compose un chant d'espérance. Il explore les souterrains du règne végétal, comme si un monde intérieur de racines et d'alvéoles inventait l'univers des formes. Jusqu'à ces mains qui deviennent des ailes, jusqu'à ces vignes qui se changent en soleils, jusqu'à ces bras en croix qui déchirent l'espace. Pour l'artiste, l'homme est un cri et son dieu, la lumière.

Le texte que le sculpteur écrit pour le catalogue des deux expositions réaffirme la richesse collective d'un art qui appartient à tous les hommes: «Chacun a droit de le retrouver dans la maison qu'il habite, dans l'objet qu'il utilise, partout dans le pays où il vit.» Jordi Bonet fait une véritable profession de foi en l'art: «Si là nous devons témoigner de la civilisation inquiétante qui est la nôtre, exprimer l'angoisse, nos œuvres doivent surtout dire l'espérance, ce que nous avons à devenir. Fermer nos yeux, ouvrir notre tête, voir: l'art est l'écriture des visions à dire.»

Dans l'entretien qu'il m'accorde pour le quotidien *Le Soleil*, quelques jours avant l'inauguration de ses expositions, il insiste sur la démarche d'introspection de l'artiste et sur une définition de l'art comme chemin de la connaissance de soi. Quant à l'emploi des matériaux, passant de la terre au béton, puis du ciment au métal, c'est pour lui «une manière d'en finir avec la matière». Au fur et à mesure de sa création, l'artiste s'allège, apprend et comprend mieux sa vie; ainsi sa mémoire s'enrichit au mystère du temps et creuse au plus profond de ce qui réunit et relie les hommes entre eux.

Le 25 décembre 1979, Jordi Bonet meurt d'une leucémie — sa santé ayant été entamée par des jeûnes qui ne convenaient pas à sa constitution. Cette mort précoce — il a quarante-sept ans — prive la culture québécoise d'un de ses plus grands artistes et m'enlève un ami irremplaçable. Sa belle voix chantante, ferme et douce, son regard si intense, sa bonté et sa générosité, son sens de l'art et de la gratuité me manqueront à jamais.

Son souvenir m'habite quand je relis cette lettre qu'il m'écrivait en octobre 1974 et dans laquelle il traduit le poème qu'il avait gravé en guise d'épitaphe sur son propre sarcophage en céramique, sculpté en 1963. *Que muerto no eternice mi muerte:* «Que mort je n'éternise pas ma mort», avait-il écrit. Ce long poème, écrit dans sa langue maternelle et traduit en français par

Jordi Bonet, couronne pour moi l'héritage du grand artiste qu'il a été parmi nous et qui est devenu l'éternel Voyageur pour Tahull:

> Quand ils me couperont l'autre main, qu'ils l'enterrent ici avec mes yeux et ma langue brisée à Tahull, avec mes couteaux et ma neige, en haut à Tahull, dans son ventre mouillé de ciel, mon corps dans sa terre. Tahull!

> Tu viendras avec mes fils et mes fleuves, la tête pleine de fleurs de terre, crier tes chants dans ma bouche.

> Ressuscite-moi quand il neigera sur les verts et les rouges. Ressuscite-moi. Déjà je respire mon vide et ma noirceur. Déjà j'ai descendu le Saint-Laurent chemin de glace et j'ai traversé la mer. Tahull! Tahull!

> Je ne vois pas la terre où vous m'avez posé. Tahull! Tahull!

> Approche-moi le soleil. Dis-moi que mort je n'éterniserai pas ma mort, que mon corps mort descendra la montagne et le torrent, que je serai terre de mon Tahull, que je serai racine, arbre, la feuille de l'arbre et l'air; que le soleil m'incendiera de nouveau.

Bonsoir, Roger

à Réginald Martel

L'escalier roulant qui descend vers la grande salle du Palais des congrès de Québec est bondé. En cet après-midi du 26 avril 1991, on inaugure le Salon du livre. La jeune guichetière garde le sourire, malgré les pressions de l'affluence.

«Bonjour, monsieur.

— Avez-vous mon laissez-passer?

— À quel nom, s'il vous plaît?

— Je suis Roger Lemelin.

— Êtes-vous un éditeur exposant ou un journaliste?

— Euh... écrivain. Roger Lemelin.

— Pas de Roger Lemelin dans mon fichier. Écrivain, vous dites?

— *Les Plouffe*, vous connaissez?

— ?! Non, ça ne me rappelle rien. Qu'est-ce que c'est?»

Cette scène désolante, Roger Lemelin nous la raconte avec le sourire, à Micheline La France et à moi, après la cérémonie d'ouverture du Salon du livre de Québec, sa ville natale, dont il a fait le sujet du premier roman urbain de notre littérature, *Au pied de la pente douce*, en 1944.

«Les jeunes ignorent jusqu'à mon nom, déplore l'écrivain de soixante-douze ans. Méconnu dans ma ville! Je n'aurais pas imaginé être oublié de mon vivant. Cela veut dire que le temps de ma génération est dépassé. Nous devons céder la place, à présent. J'ai l'âge d'un grand-père qui doit s'effacer devant les nouveaux auteurs.»

Roger Lemelin, je l'ai connu il y a juste trente ans, à l'occasion d'un cours de littérature à la faculté des lettres de l'Université Laval. Il a été mon premier «écrivain en personne», invité par les professeurs Jeanne Lapointe et Arthur Tremblay. Je me suis inscrit avec enthousiasme à ce cours, désireux de rencontrer enfin un écrivain québécois en chair et en os! Dans ce temps-là, les écrivains ne couraient pas les médias. Roger Lemelin était cependant, avec Robert Choquette, un de nos rares auteurs connus et populaires. Son téléroman *Les Plouffe*, le premier de notre télévision, a aussi été le premier miroir collectif de la petite société québécoise. Roger Lemelin a contribué à sortir le Québec de son passé nostalgique pour l'inscrire au présent, avec une ironie tranquille, dans la vie de la famille Plouffe.

La salle de cours de l'Université Laval était remplie d'étudiants pour la rencontre avec Roger Lemelin. Nous devions être plus d'une cinquantaine. J'étais assis à côté de mes amis Émile Martel et Noël Audet, deux jeunes poètes «d'avant-garde» qui ne savaient pas encore qu'ils deviendraient romanciers. Devant nous, dans sa robe rouge et noir, l'énigmatique Lise Gauvin, avec son sourire et son air plutôt réservé, nous inspirait sans doute quelque poème secret. Derrière nous, il y avait Denis Saint-Jacques et, peut-être, André Ricard, *un amigo demasiado oscuro*, disait de lui notre jeune professeur d'espagnol Ignacio Soldevila.

J'avais choisi d'analyser *Pierre le Magnifique* et ne me privai pas de poser des questions à Roger Lemelin, particulièrement sur son personnage Denis Boucher, ce jeune journaliste révolutionnaire qui m'apparaissait comme une sorte d'autoportrait de notre romancier. Ce Denis «qui déclenche tout; sa soif d'infini, son angoisse intellectuelle nous transforment, nous forcent à tout remettre en question, à ne nous occuper que de l'essentiel et à faire des aveux».

À l'intérieur de moi, ça bouillonnait. J'étais excité comme jamais devant cet écrivain qui se tenait droit devant nous dans une carrure d'athlète. La présence de Roger Lemelin, toute de bonhomie et d'intensité, de détachement et de passion, était fascinante parce que paradoxale. Son roman, tout à coup, me faisait comprendre la relation qu'un écrivain peut avoir avec sa société. Son roman s'incarnait parmi nous, *au pied de la pente douce*, dans le quartier même où habitaient les sœurs et les frères de ma mère.

Mon oncle Albert, livreur de la Laiterie Laval et pourtant collectionneur de disques 78 tours de chanteurs d'opéra tels Benjamino Gigli et Richard Tauber, devenait un Ovide Plouffe. Ma tante Maggie, admiratrice d'Erna Sack, ou mon oncle Hervé, poseur de prélart et champion aux cartes, mon oncle Arthur, petit entrepreneur et chantre du dimanche à l'église, tout ce beau monde était de la parenté des personnages de Roger Lemelin. Par sa fiction, le romancier avait élargi la vision que j'avais de ma propre famille. La littérature faisait bien partie de la vie. Pourtant, on m'avait toujours enseigné que la littérature n'était que «le reste» de la vie! La présence de l'auteur Roger Lemelin, ancien athlète recyclé en joueur d'échecs, écrivain doublé d'un habile homme d'affaires —, sa présence si intense sur la tribune du cours de Jeanne Lapointe dans l'amphithéâtre aux néons de la rue Sainte-Famille m'aura ouvert les yeux sur les liens de la littérature avec la société dont elle est issue. Ce jour-là, à l'Université Laval, grâce à Roger Lemelin, je suis passé de la théorie à la pratique.

Je devenais un lecteur concerné et actif devant ce qu'on appelle la fiction. Je passais d'un état de lecteur naïf à celui d'un critique incarné dans le regard qu'il pose sur les œuvres.

Mes études terminées, je reverrai Roger Lemelin dans ma vie de journaliste. Quand un de ses fils aura un emploi d'été au quotidien *L'Action*, Lemelin voudra me rencontrer afin de mieux comprendre «la jeunesse». Il me donnera souvent rendez-vous au restaurant Le Chalet suisse, rue Sainte-Anne. Puis l'affaire de la murale du Grand Théâtre de Québec nous séparera, en 1971. Lemelin, devenu éditorialiste de la télévision, avait entrepris une campagne publique contre l'œuvre de Jordi Bonet tandis que moi j'étais du côté de l'artiste et de «la jeunesse séparatiste». Lemelin s'emporta contre l'apostrophe d'un poète inscrite dans la murale: «Vous êtes pas écœurés de mourir bande de caves, c'est assez!», et, prétextant le mauvais français et le mauvais goût de l'inscription, demanda la démolition de l'œuvre. En fait, cette saute d'humeur de Roger Lemelin avait un arrière-goût politique, à la suite des récents événements d'Octobre 1970. L'écrivain voulait faire la leçon à «la jeunesse séparatiste». Mais la polémique prendra des proportions hors de son contrôle. Deux pétitions de dix mille signatures — l'une contre la murale et l'autre pour l'intégrité de l'œuvre — seront déposées chez le ministre des Affaires culturelles, qui s'en lavera les mains.

Cinq ans plus tard paraîtra le premier numéro de la revue *Estuaire*, où je publiais un compte rendu des débats au sujet de la fameuse murale. La polémique menée par Lemelin n'avait pas eu raison de l'œuvre de Jordi Bonet, que le public admirait en fréquentant le Grand Théâtre. Je dédiai «À mon ami Roger» un exemplaire d'*Estuaire* en précisant que «je resterai toujours du côté de la création et de la poésie». Roger Lemelin n'a pas répondu à mon envoi, mais à chacune de nos rencontres dans la vie publique et selon les hasards du journalisme, il me demandait: «Écris-tu toujours de la poésie?»

En certaines circonstances plutôt mondaines, il ignorait totalement ma présence, comme s'il ne me reconnaissait pas. Moi, je n'insistais pas, lui lançant un regard oblique et discret. En d'autres occasions moins officielles, il me saluait chaleureusement et il insistait pour savoir où j'en étais en poésie. Nos rencontres publiques restaient brèves, nous vivions une amitié de loin en loin, nous accordant pourtant sur un point que Lemelin tenait à réaffirmer devant moi: la nécessité de la poésie.

En somme, l'amitié de Roger Lemelin restait indéfectible. Il l'a bien montré envers les écrivains de sa génération, quand il a été l'«éditeur» de *La Presse* et qu'il a créé un prix littéraire qu'il attribua à ses amis Michèle Mailhot, Marcel Dubé et André Langevin ainsi qu'au poète Paul-Marie Lapointe. En 1975, j'étais chroniqueur littéraire au *Soleil* de Québec et Lemelin avait bien insisté pour que j'accepte son invitation à un banquet qu'il offrait au romancier André Langevin, à qui il donnait, cette année-là, le Grand Prix de *La Presse*. Il savait fêter ses amis, cela faisait partie de sa nature généreuse.

Après la fête, je voulus faire un entretien littéraire avec le romancier de *Poussière sur la ville*, de *L'élan d'Amérique* et d'*Une chaîne dans le parc*. Sachant qu'André Langevin était un homme plutôt solitaire et même sauvage, n'accordant jamais d'entrevue, Roger Lemelin toucha un mot à son ami sur la qualité de mon journalisme et Langevin accepta de m'accorder un long entretien sur son œuvre et sur le projet collectif québécois, qu'il estimait «en danger depuis l'échec de la Révolution tranquille». Le romancier m'a raconté sa «peur bleue» que le Québec ne réussisse pas à «se définir à temps un modèle culturel propre et viable». Car, pour lui, «rien ne sert de vouloir l'indépendance si on ne lui trouve pas un contenu, une identité».

Les deux derniers romans d'André Langevin, *L'élan d'Amérique* (1972) et *Une chaîne dans le parc* (1974), nous proposent les thématiques du pays perdu et de l'enfance retrouvée. Ils prolongent une œuvre dont les personnages témoignent de la solitude de l'homme québécois et d'un entêtement à ne pas mourir. Les personnages de Langevin sont des «dominés» qui refusent toujours de céder, qui veulent s'emparer de leur destin, entre l'enfance et la mort. «Rien n'est jamais perdu, au niveau de l'individu. Il peut toujours signer son destin, me dit Langevin. Pour les collectivités, c'est autre chose. Surtout si elles sont aussi fragiles que la nôtre. Des erreurs qui ne seraient pas coûteuses chez d'autres peuples peuvent nous être fatales.»

Une de nos erreurs aura été la «dévaluation du langage, résultat du terrorisme que toute une génération d'écrivains et d'écrivants a exercé pendant des années et qui a complètement perverti une génération entière d'enseignants et d'enfants». «Ce terrorisme, m'explique Langevin, a été repris par la télévision, les spectacles, le cinéma: il s'est alors créé une espèce de conformisme du mal-parler qui fait que les gens pratiquent un langage qui n'était pas le leur et qui est né du *joual*, épiphénomène exclusivement montréalais imposé au Québec tout entier.

«Je me demande s'il est possible, d'ici quelques années, ajoute l'écrivain, de redonner au langage sa possibilité de communication avec le monde extérieur et de le refaire porteur de valeurs en soi. Il faut redonner son contenu au langage. Il serait absurde de défendre un langage, en Amérique du Nord, qui ne porte pas de valeurs. La situation est tragique. Je ne vois aucune valeur, à l'exception de la langue, qui soit capable de mobiliser la majorité des Québécois.»

Pour André Langevin, la démobilisation du langage entraîne tout le reste. Il suffit de regarder la vie des francophones de la Nouvelle-Angleterre et des provinces de l'Ouest canadien. Là, des individus dont le langage a été dévalué ne se possèdent plus eux-mêmes. C'est peut-être ce qui attend les Québécois.

«Quand je vois ce qui se passe ici et que je regarde ce musée de l'avenir, qui est si près de nous depuis toujours, j'ai une peur bleue. Je trouve qu'on gaspille un temps et des ressources énormes quand les délais nous sont comptés. La faillite ou l'échec de la Révolution tranquille a de fortes chances d'avoir été le dernier sursaut d'une mobilisation possible du Québec. Parce que les autres combats à venir se situeront fatalement à une autre échelle, hors frontières, au sein de l'humanité tout entière: la distribution et l'épuisement des ressources sont des problèmes qui vont nous dépasser et nous faire oublier celui de la langue du Québec. Je ne suis ni indépendantiste ni fédéraliste, pour l'instant, mais je suis d'accord avec René Lévesque quand il proclame l'urgence de l'indépendance.

«Mais l'indépendance pour quoi faire? L'indépendance pour l'indépendance, moi, ça ne me dit strictement rien. On a les ressources matérielles suffisantes pour vivre le modèle américain, comme tous les anglophones. Mais a-t-on les ressources humaines suffisantes pour vivre un modèle québécois qui, à ma connaissance, reste à définir?

«L'indépendance n'est pas un modèle de vie, mais une structure. J'attends qu'on me définisse un modèle de vie acceptable par tous, qui puisse mobiliser tout le monde, conclut André Langevin. Et c'est à ceux qui militent pour l'indépendance de le définir. C'est à eux de donner un contenu à leur projet d'indépendance.»

Roger Lemelin avait les mêmes préoccupations que, son ami André Langevin. Il les exprimait différemment, avec sincérité mais de façon plus sentimentale, en cultivant le paradoxe d'une appartenance à la langue française dans une fédération canadienne forte. Sur le plan social, comme «éditeur» de *La Presse*, il ne s'est pas gêné pour envoyer promener les syndicats. Sur le plan politique, il aimait jouer sur les deux tableaux, comme en 1974, quand il emmena à Ottawa, dans un véritable piège politique, ses amis de l'Académie Goncourt, dont il était le correspondant à Montréal. Ces contradictions de l'homme jetaient de l'ombre sur l'importance de son œuvre littéraire. C'est ce que j'ai pu constater un jour, alors que je présidais le jury du prix Athanase-David, la plus haute distinction littéraire attribuée par l'État du Québec.

La candidature de Roger Lemelin pour le prix Athanase-David était bien présentée, avec des arguments qui mettaient en valeur l'exemplarité et la qualité de son œuvre littéraire. Mais les quatre autres membres du jury ne voulaient rien entendre du dossier Lemelin. Deux écrivaines féministes privilégiaient la candidature d'une femme, «afin de réparer l'injustice faite aux mères» de notre société. Les deux autres jurés, des hommes, écrivains et indépendantistes, considéraient que Roger Lemelin «n'était pas un bon Québécois». J'ai eu beau jouer de mon autorité de président du jury et ramener la discussion sur le terrain littéraire, rien n'y fit. Pour des raisons politiques — féministes et indépendantistes —, Roger Lemelin ne reçut pas le prix Athanase-David pour l'ensemble de son œuvre. Pourtant, l'écrivain nous avait donné le premier roman de mœurs urbaines avec *Au pied de la pente douce*, en 1944, ouvrant des thématiques nouvelles dans la littérature québécoise. Pourtant, il avait ouvert les voies de la modernité en transposant pour la télévision, en 1953, les personnages de son roman *Les Plouffe*. Son œuvre littéraire nous a montré que la société québécoise n'était pas maîtresse de son destin. Son œuvre télévisuelle nous a donné un premier miroir de nous-mêmes, qui n'est certes pas étranger à l'éveil de l'idée de la souveraineté. Il avait servi sa société comme journaliste et correspondant du magazine américain *Time*, puis comme homme d'affaires et «éditeur» de *La Presse*. Selon moi, le nom de Roger Lemelin aurait honoré le prix Athanase-David, qui aurait dû reconnaître un de nos premiers écrivains populaires et faire ainsi le lien entre notre littérature et le peuple de ses lecteurs.

À défaut de lui donner le prix David, je rendis un hommage à Roger Lemelin dans les pages littéraires du *Devoir*, en avril 1991, à l'occasion d'un cahier spécial que j'organisai pour souligner la reprise du Salon du livre de Québec.

J'allai à Québec interviewer l'écrivain. Quand il avait quitté *La Presse*, il était retourné à la vie privée et à la ville de ses amours. Il me reçut dans un restaurant de la Grande-Allée, où fonctionnaires, femmes et hommes des mondes de la politique et des affaires lui donnent du «monsieur Lemelin». On s'attache à cet être généreux qui aime la langue et la littérature par-dessus tout, au-delà des idées qu'il peut avoir sur la société des hommes. Nous nous tutoyons aussi affectueusement que dans les années soixante. La familiarité du romancier tranche avec cette réserve quelque peu provinciale des gens qui nous entourent, dans ce restaurant à l'atmosphère feutrée.

«De plus en plus, je me rends compte que mes vraies racines sont à Québec, me lance Roger Lemelin. Non seulement mes parents et mes amis, mais aussi la géographie de cette ville. Je ne peux pas me passer d'entendre les glaces se plaindre, quand la marée monte, et se fracasser dans des gémissements incroyables. À Montréal, tu ne sens pas la présence du fleuve. Et puis, ces volliers d'oiseaux migrateurs, des canards, des sarcelles et des outardes, qui passent au-dessus de la maison chez nous durant un mois de temps, c'est fantastique! Cela fait partie de ma musique intérieure. Avec les chevaux qui tirent les calèches, les chants qui sortent encore des églises et les élévateurs à grains du bassin Louise, qui sont pour moi les grandes orgues de ce concert. Tu sais que mon père travaillait là. C'était le grand organiste, c'est lui qui menait tout cela.»

Quant à la mentalité provinciale des gens de Québec, Lemelin ne s'en accommode pas plus qu'il y a cinquante ans, au moment de la publication de son premier roman dans la controverse.

«Je ne vois pas une grande différence aujourd'hui avec cet esprit bourgeois et fermé que j'ai connu quand j'étais jeune. Les gens de Québec ne sont pas très ouverts sur l'universel. La force de la petite bourgeoisie hypocrite de Québec, c'est comme dans les romans de François Mauriac. Leur intégrité, leur cocon passent avant tout génie et toute œuvre. Dans une ville comme Québec, ce sont d'abord les carrières politiques qui comptent avant n'importe quoi d'autre.»

Du côté politique, Roger Lemelin se définit comme un nationaliste de cœur, attaché à sa culture française, et un fédéraliste raisonné, lié au Canada par intérêt.

«Je vais te dire franchement: je ne suis pas indépendantiste, mais je trouve ça honteux qu'on survive par chantage vis-à-vis du reste du pays. Pour moi, être canadien, c'est un compromis. Par une union donnée avec d'autres personnes, d'autres provinces, d'autres territoires, je me crée une certaine force, qui n'est pas sentimentale mais économique: une force de négociation.

«Moi, je suis très nationaliste. Je vais te dire une chose: on est des Français. Jamais tu ne vas te désennuyer avec les Anglais du Canada, même pas ceux de Montréal! Il n'y a rien à faire et ils la sentent, la différence. Une Canadienne anglaise nous disait l'autre jour à la télévision que notre langue était une affaire de cœur et la leur, un outil! C'est une erreur. L'anglais, c'est une langue admirable. Il suffit de la connaître pour le savoir. C'est simplifier le problème que de qualifier une langue d'affaire de cœur et une autre d'outil. Pour nous, la langue, c'est plus qu'un outil et c'est plus que le cœur: c'est une façon de vivre et de voir les choses.»

L'écrivain, défenseur de la langue et de l'imaginaire, reprend toujours le dessus, chez ce personnage contradictoire et controversé qu'est Roger Lemelin. Il me dira deux ou trois fois, au cours de notre entretien: «Nos écrivains devraient participer à toutes les activités littéraires possibles, bénévolement, s'ils le peuvent. Le *cash*, ce n'est pas important et la littérature, aujourd'hui comme hier et dans n'importe quel pays, c'est un travail de maquis.»

Pour Roger Lemelin, l'écrivain doit conquérir sa solitude et la protéger, parce qu'elle lui est nécessaire pour élaborer son rêve de liberté. «Le monde de la prose, tu en fais ce que tu veux. C'est un domaine infini. Tu peux y avoir des inventions littéraires extraordinaires. Tu peux y décrire des sociétés. C'est infini. On ne peut pas avoir de critère pour définir la prose. Même dans un monde d'abondance, quand tu pars à la recherche d'une quintessence de vérité musicale, tu débouches sur la poésie, qui ramasse tout. Mais tout le monde ne peut pas faire de la poésie. Tout le monde n'a pas le génie de la formule, de cette musique amassée en quelques mots. Moi, j'en serais incapable. J'ai besoin d'éclater, de faire beaucoup de choses. J'envie le poète, mais je ne serais pas capable d'écrire de la poésie. La forme de mon intelligence et de ma sensibilité débouche plutôt sur une abondance joyeuse.»

Notre entretien a paru à la une des pages littéraires du *Devoir*, le 20 avril. Ainsi Roger Lemelin était fêté en devenant la tête de proue de ce cahier sur Québec comme ville littéraire. Cet hommage l'avait mis de bonne humeur. Après l'inauguration du Salon du livre de Québec, nous nous sommes rencontrés au bar de l'hôtel Hilton pour prendre l'apéritif en compagnie de son grand ami Doris Lussier. Ce dernier ne cessait de taquiner Roger Lemelin dans son être paradoxal: «Tu es un anarchiste qui aime l'ordre!» pouffait Doris Lussier.

Puis Roger Lemelin nous invita à dîner au restaurant de l'hôtel, ma femme Micheline La France et moi. En toute intimité, il nous raconta son amitié avec Saint-Denys-Garneau et Anne Hébert, qu'il fréquenta vers l'âge de dix-sept ans. Il allait faire du canot sur la rivière Jacques-Cartier avec Saint-Denys-Garneau et il garde du jeune poète une image d'athlète et de bon vivant. «Saint-Denys-Garneau, nous dit Roger Lemelin, c'était un beau gars, qui séduisait les filles. Il était un homme joyeux, pas du tout mélancolique. Il aimait les filles. Anne Hébert, sa cousine, était sans doute amoureuse de lui.»

La conversation porta aussi sur la qualité de certaines grandes figures comme Félix Leclerc et René Lévesque: «Chacun à sa manière a donné au Québec le sens de la beauté», nous confia-t-il. Visiblement, Roger Lemelin voulait, devant nous, se réconcilier avec le Québec qu'il aimait tant, mais qu'il avait durement attaqué à travers ses personnages politiques, dans ses éditoriaux à *La Presse*. Ensuite, il nous parla longuement d'un ami commun, le critique littéraire Réginald Martel, qu'il considérait comme un de ses fils et pour qui il avait beaucoup d'affection. À la fin du repas, il nous invita, Micheline et moi, à passer une semaine avec lui au manoir de Sainte-Catherine-de-Fossambault, afin que nous puissions habiter les lieux où vécut Saint-Denys-Garneau. «Ce séjour vous permettra de retrouver le vrai regard de Saint-Denys-Garneau, sa façon de voir la vie, en athlète et non en martyr, comme nous l'ont présenté certains de ses amis. Je connais le propriétaire actuel du manoir. Gardez une semaine de vos vacances, cet été, pour venir à Sainte-Catherine. Vous pourrez y apporter vos cahiers et écrire tout ce que vous voudrez.»

Hélas! le rêve ne pourra pas se réaliser. Roger apprenait, un mois plus tard, qu'il avait un combat à mener contre le cancer. Cette bataille, il l'a bien assumée jusqu'au bout, avec toute la colère nécessaire, comme le rapporta Réginald Martel dans *La Presse*, le 1er mars 1992, en nous donnant ce qui sera le dernier entretien de Roger Lemelin.

L'écrivain avait retrouvé au fond de lui, écrivait Réginald Martel, «la petite voix qui pose enfin, dans la timidité retrouvée, la question essentielle: Ai-je assez aimé?» Dans la vie des peuples, lui confiait Lemelin, «la littérature est une forme profonde, mystérieuse et inexplicable». Le romancier déclarait ensuite à son ami journaliste qu'il avait le projet d'écrire un nouveau livre: «Des textes d'imagination, qui auraient un rapport avec ce que j'ai vécu, avec des sentiments que j'ai eus, avec mon pays, mes amis, mes voyages, mes amours. Je ne peux pas me passer de ça. Une idée qui me vient, je veux l'illustrer par quelque chose d'amical ou de fraternel.»

Deux semaines plus tard, le 16 mars, s'éteignait Roger Lemelin, romancier et mouton noir de la société québécoise. Dans un hommage ultime, Réginald Martel se déclarait «fils adoptif officieux» de Roger Lemelin qu'il qualifiait avec tant de justesse et d'affection de «beau géant, parfois un peu encombrant mais toujours si attachant».

Quatre voyages

Dans Paris la fête

Le monde s'offre à moi. Paris est la fête que j'espérais depuis longtemps. J'ai vingt ans et je viens de franchir l'Atlantique pour la première fois. Je vis l'émerveillement sans déception depuis quatre jours. L'euphorie de la découverte des lieux rêvés depuis l'adolescence. L'extase en traversant les parcs du Luxembourg et des Tuileries, en visitant le Louvre, le musée de Victor Hugo, place des Vosges, et celui d'Eugène Delacroix, place de Furstemberg — un autre lieu magique, accueillant chaque passant dans son intimité parfaite.

Je ne suis pas le premier Québécois à vouloir prendre possession de la Ville lumière comme d'un monde qui lui appartenait de mémoire anticipée! Certes non. Elle fut pour certains de nos écrivains et de nos artistes un lieu d'exil ou d'apprentissage, un refuge ou une école unique. Paris incarne à la fois l'histoire ancienne et les possibles de notre culture. La gloire pour Louis Fréchette, la misère pour Crémazie, la procrastination pour Saint-Denys-Garneau, la libération hors d'un Québec étouffant pour Anne Hébert ou l'amitié littéraire pour Gaston Miron. Paris a longtemps été notre capitale artistique et littéraire.

Avec Marie, une amie peintre, m'y voici délirant, dans les pas d'Alain Grandbois, rue Racine, et dans l'écho des premières chansons de Félix Leclerc, au Théâtre des Trois-Beaudets, rue de Coustou. Puis nous nous mettons à la recherche des lieux légendaires de Saint-Germain-des-Prés — là jazzait Boris Vian, ici chantait Juliette Gréco —, en quête aussi des théâtres où Maria Casarès jouait les pièces d'Albert Camus, curieux enfin des lieux anciens comme le Grand Hôtel des Étrangers où Rimbaud et Verlaine participaient aux dîners des «Vilains Bonshommes» avant d'aller se perdre dans l'absinthe et de resurgir dans... les rêves d'Ernest Hemingway sur la place de la Contrescarpe.

Nous naviguons à l'estime dans Paris la fête. Nous nous retrouvons, au bout de chacune de nos promenades, sur les quais de la Seine, devant ces boîtes ouvertes où dorment des tas de bouquins et de gravures anciennes, illustrations tangibles de nos nostalgies québécoises. Nous empruntons le Pont-Neuf. Emportés par la foule, nous voici du côté de La Samaritaine. Sur le trottoir qui longe les vitrines du grand magasin populaire, des étalages retiennent l'œil du promeneur avec les objets les plus ordinaires: tabliers, maillots, serviettes de bain, casseroles, sacs de voyage, cravates et gants de crin. Ce bazar a la beauté du baroque. Rien à en dire et tout à voir bêtement, béatement. Une vraie leçon de la vie simple!

Soudain apparaît à l'angle de La Samaritaine un vieil âne gris avec sur son dos deux sacs de lavande en vrac. Un vendeur à l'accent provençal offre à tue-tête aux passants ce parfum sorti tout droit de mon enfance. D'un coup s'ouvrent les tiroirs de la commode de ma mère et s'élèvent dans l'air de Paris les lingeries d'odeur légère de ma chère maman, celle que j'ai baptisée mon Alice des Merveilles!

Dans l'euphorie qui me gagne en même temps que l'irrésistible odeur de lavande, je vois apparaître le visage d'un artiste que j'ai rencontré jadis dans les livres d'art de mon père. Incroyable! C'est lui, l'extravagant peintre surréaliste! L'inattendu Catalan dans Paris en fête!

Sans réfléchir, entraînant Marie avec moi, je me dirige vers l'artiste et je lance, en lui tendant la main et en le regardant droit dans les yeux, sans me laisser distraire par sa moustache cirée:

«M. Salvador Dali, permettez-moi de vous saluer. Je viens du Québec.

— Cela paarrraît! me répond l'artiste en prenant vigoureusement ma main dans la sienne. Cela paarrraît!»

Puis Dali tourne les talons et disparaît dans la foule entouré de trois ou quatre nymphettes vêtues de robes de tulle aux tons de pastel — bleu, vert, orange.

Je n'ai pas rêvé! Le véritable Dali m'a serré la main. Mon amie, plus surprise que moi, me le confirme tout en s'interrogeant sur ma conduite. «Pourquoi t'es-tu présenté à lui comme Québécois?»

Moi, j'entends résonner dans ma tête les accents de cette voix rieuse: «Cela paarrraît!» L'ironie spontanée du Catalan me fait rougir de honte et de plaisir à la fois. À la terrasse du café Le Panorama, près du Pont-Neuf, Marie et moi évoquons comme une sorte de scène primitive ce tableau étrange où surgissent l'âne et l'odeur de lavande, puis Salvador Dali et ses nymphettes. Je finis par rire de ma naïve approche du célèbre artiste de la «paranoïa critique».

Quelques heures plus tard, dans un restaurant de l'île Saint-Louis, à la fin d'un dîner aussi euphorisant que nos promenades, on apporte à notre table deux immenses ballons de cognac. «De la part de M. Salvador Dali», nous précise le serveur.

Nous suivons le regard du garçon et nous reconnaissons dans un petit salon privé, à l'autre bout de la salle, Salvador Dali parlant et riant en compagnie de sa joyeuse bande de nymphettes.

Ah! voyager dans la culture — la main ouverte!

Natashquan aller-retour

Gilles Vigneault, je l'ai connu dans les rues de Québec. Autour de nos vieux mots et des anciennes rimes, la revue *Émourie* regroupait des étudiants du père Louis Morice à l'Université Laval. La poésie régnait en maîtresse. La beauté nous servait de révolte. Le désir des mots nous menait à l'amour. Jusqu'au chant. Puis Vigneault réinventa la chanson, de grand vent et de haute mer, jusqu'au temps de tendresse qu'il racontera «avec les mots de [s]on père».

C'était au début du Québec moderne. Moi, j'étais dans la jeune vingtaine et j'avais peu de mots à donner. Je regardais de loin Gilles Vigneault et ses amis s'amuser à écrire des sonnets parfaits. Je les écoutais. Je les enviais. Je fréquentais L'Arlequin, dans le Vieux-Québec, puis, à l'étage de La Porte Saint-Jean, la première «Boîte aux chansons» fondée par Jean Leblond. C'est là que, le 5 août 1960, Vigneault chanta seul sa première chanson.

À l'été 1961, je suis réalisateur de radio. Vigneault vient annoncer au micro de CHRC qu'il donne un récital de chansons pour les étudiants des cours d'été de l'Université Laval, le 18 juillet, au Mont-des-Roses de Sainte-Pétronille, à l'île d'Orléans. À partir de ce soir-là, gigue et musique, la tornade Vigneault s'est envolée sur l'air du pays. Puis, je deviens journaliste à *L'Action* et j'embarque sur la vague. Je crois que j'aurai ainsi écrit le plus grand nombre d'articles sur le nouveau barde du Québec, dans les années soixante et soixante-dix. Vigneault incarne d'une manière inédite le pays que j'aime.

À côté de nos vies professionnelles respectives, l'amitié nous réunit depuis plus de trente ans. Cela a commencé avec la poésie, aux Éditions de l'Arc où il m'a publié. Cela m'a conduit jusqu'à Natashquan, où il m'invitait à l'accompagner, durant l'été 1969.

Ce séjour sur la Côte-Nord m'a fait connaître Mme Marie et M. Willie. Quand ce dernier est mort, quelques semaines après mon retour à l'île d'Orléans, j'ai compris que je venais de perdre un deuxième père. Mme Marie, toujours aussi discrète, a vécu centenaire et nous a quittés en 1993.

C'est à leurs enfants Bernadette et Gilles que je dédie ces quelques souvenirs écrits dans l'émotion de l'été 1969.

> Dans sa main ouverte un anneau qui luit.
> Une ombre l'attend pour dormir avec lui.
>
> GILLES VIGNEAULT

Je pars en voyage vers le pays de la parole, à l'invitation de mon ami Gilles, qui m'a beaucoup parlé de Natashquan, son village natal, et de ses habitants désormais légendaires, dont ses chers parents, Mme Marie et M. Willie, que j'ai hâte de connaître. Mon ami Gilles est un poète qui pratique aujourd'hui un des métiers préférés de son père: celui de raconter les gens de son pays.

Je ne connais pas la Côte-Nord. D'ailleurs, je n'ai pas encore beaucoup voyagé ni connu de vrais voyageurs comme M. Willie. Au sujet de ces héros que sont les hommes de mer et de forêt — pêcheurs, chasseurs, trappeurs —, je n'ai entendu que les contes et les chansons admirables de mon ami poète. Aujourd'hui, j'entreprends une sorte de pèlerinage aux sources.

L'avion reste le seul moyen de transport pour arriver à Natashquan et le voyage dure aussi longtemps que pour se rendre dans les «vieux pays». Pour passer le temps, nous jouons avec les mots, à des jeux de Scrabble dont Gilles réinvente les règles. Mon ami me propose ensuite un tournoi de sonnets, interrompu par la zone de turbulence dans laquelle vient d'entrer le petit avion. Nous gardons le silence un bon moment et me reviennent en tête ces deux vers de Gilles qui m'obsèdent:

> Nous sommes encore atterrés
> De mettre les mots hors du corps.

Les hommes du village se sont rassemblés autour de cette cabane qui sert d'aérogare à Natashquan. Dans ce lieu isolé entre la mer et la forêt, on a si rarement l'occasion d'accueillir des visiteurs étrangers qu'on ne voudrait pas manquer l'atterrissage du petit avion.

M. Willie est resté à la maison, ce jour-là, à cause de son pied malade. C'est une des impatiences de son âge. Ce qui ne veut pas dire qu'à soixante-dix-huit ans, quand on a beaucoup voyagé soi-même, on ne sait pas recevoir les gens! Le rituel de l'arrivée chez Mme Marie et M. Willie est le plus chaleureux. J'ai l'impression d'avoir toujours connu et aimé ces êtres d'exception qui m'accueillent dans leur monde et qui me font promettre de prendre tous mes repas chez eux durant mon séjour.

Mon ami Gilles me conduit ensuite à l'autre bout du village: je vivrai dans l'ancienne maison de M. Paul. Gilles est fier de cette acquisition récente. La maison de M. Paul est d'une architecture parfaite, aux lignes harmonieuses. Elle est habitée des musiques usées du passé, avec ce vieil harmonium qui trône au salon. Un lieu magique qui semble renfermer l'histoire du village, avec son plancher recouvert de voile-de-vent-tombé ayant appartenu à un bateau d'un autre siècle et ses murs garnis d'objets antiques comme de vieux gestes qu'on n'ose pas oublier.

L'après-midi se passe à faire le tour du village avec Gilles, qui m'introduit auprès de ses amis de toujours. J'admire ces coquettes demeures peintes aux couleurs de bateau, qui ont l'air d'interroger le paysage et d'annoncer que la beauté la plus simple est aussi fragile que le bord des saisons. J'aime particulièrement l'allée de M. Willie, qui conduit chez Léo et Midas, avec ses clôtures, ses cordes de bois, ses bottes de foin et la propreté des lieux qui illustre le goût du travail bien fait.

Nous sommes reçus chaleureusement chez Antoine, puis chez M. Edgar-qui-fait-des-quarts, ensuite chez John Débardeur, qui tient le magasin général, et chez le curé Bernier. Tous ces personnages des chansons de Gilles accueillent dans la plus grande simplicité l'enfant prodigue du village et son ami le visiteur. Ils m'adoptent à la première rencontre. Ceux que j'avais imaginés dans leur légende des chansons de Gilles, je les reconnais dans leur vérité quotidienne.

Je ne suis pas au bout de mes découvertes. Mon premier repas chez Mme Marie et M. Willie me confirme, s'il en était besoin, que je viens d'entrer au pays de la parole. Ces descendants d'Acadiens ont hérité de la langue du XVIe siècle dont ils ont su conserver la justesse et la beauté. Mme Marie me décrit «une campagne accablée d'un manteau d'hiver au printemps». M. Willie possède un don de conteur et il anime à lui seul tout un théâtre de la parole.

Mme Marie et M. Willie tiennent à s'identifier, auprès de moi, à la parole des chansons de Gilles. «Ah que l'hiver tarde à passer quand on le passe à la fenêtre»:

voilà ce que disait Jeanne, me confient-ils. Et ils me montrent ensuite cette lettre d'un cousin qui leur a écrit: «Il faut bien plus que des bagages pour voyager.»

En somme, m'expliquent-ils, Gilles a été fidèle à son monde et ils peuvent être fiers de leur poète.

Mes pèlerinages aux Galets ne se comptent plus. Cette pointe qui s'avance dans la mer tel un bras nourricier a été le centre nerveux du village, autrefois. Des «magasins» s'y dressent encore, qui ont la beauté patinée des centenaires. On y accède par des trottoirs de bois devenus fragiles. On y entasse barques et agrès de pêche. La vie du village se passait là. Des ancres abandonnées en témoignent. Quelques vigneaults où sèche la morue de M. Edgar. Et le magasin désert de M. Willie.

J'aime marcher de la maison aux Galets, en traversant une partie du village. L'autre après-midi, j'ai rencontré aux Galets M. Bourgeois, ce Madelinot exilé qui s'ennuie de sa vie de pêcheur, tout comme M. Bonhomme qui, ces jours-ci, se fait joyeux et galant pour les deux jeunes veuves en visite chez lui.

Aujourd'hui, dimanche, même s'il pleut à torrents, il faut garer pour l'hiver la barque de M. Willie: son pied n'est pas guéri et la saison de pêche est presque terminée. Sous la pluie, les Galets sont d'une tristesse pathétique. Nous sommes sept ou huit hommes pour hisser la barque sur le slip, nos visages cirés de fin de jour.

À la maison, M. Willie nous dira: «Je n'ai pas mis les pieds dans ma barque cette année: c'est mauvais signe.» Puis il racontera d'anciennes pêches, des étincelles dans ses grands yeux couleur de mer et son large sourire complice. Il aurait bien voulu m'emmener pêcher au large comme il l'a toujours fait pour les visiteurs. Mais il a dû garder le pied à terre cette année.

Cette dure déception ne va cependant pas enlever à M. Willie son entrain aux cartes. Chez lui, la partie de cartes tient lieu de rituel du repos et de l'amitié. Il faut l'accomplir de son mieux. Une erreur de votre part vous sera souvent rappelée par la suite. M. Willie se souvient de tous les jeux. Il me raconte une erreur de Muriel, une amie de Québec, qui a été sa partenaire de jeu l'été dernier. Les cartes, c'est si sérieux qu'il ne peut pas faire équipe avec Mme Marie. Ou alors ce sont les seuls moments de discussion entre les deux. Comme s'il fallait absolument, pour M. Willie, que l'un des deux gagne et donc ne pas risquer de perdre ensemble.

Mme Marie, dans sa douceur discrète, comprend toutes ces subtilités de son homme. Elle aime avec une fierté évidente ce grand voyageur qui a été maire du village et inspecteur des pêcheries. Mme Marie est une femme aussi forte de caractère qu'elle est discrète. Sa délicatesse la rend attentive à tout ce qui se passe. Elle voyage à sa façon: dans les livres et la musique. Chacun de ses regards et de ses gestes, chacune de ses paroles est d'une harmonie parfaite.

Chez ces gens, bien manger est aussi important que bien travailler. «Cela fait partie du savoir-vivre», dit Mme Marie. «Cela comprend également le tabac et le p'tit blanc», ajoute M. Willie. Chaque matin, notre déjeuner s'accompagne obligatoirement d'une rasade de gin, tandis que dans la bouteille le niveau de boisson monte pourtant quotidiennement, ainsi que me le fait voir mon hôte, amusé de son jeu.

Vivre avec la nature et l'apprivoiser, voilà un état de vie qui vous apprend à mieux aimer les gens et à respecter leur travail. Voilà une autre qualité des habitants de Natashquan que je rencontre. La peur de vivre et la peur des autres ne peuvent exister là où règne une paix unique, comme par-dessus le temps, à même l'espace, l'air et l'eau.

Cette chaleur humaine, je la reconnais partout. Chez John, Midas, Léo et sa femme. Chez Dadette et Ti-Can qui me reçoivent au Vieux-Poste, là où Jacques Cartier s'est arrêté le 3 août 1534. Chez Camoun, le violoneux de *La danse à Saint-Dilon,* qui me parle comme à un vieil ami.

Je comprends la patience qui anime notre histoire en me promenant le long de cette plage qui conduit des Galets au Vieux-Poste avec l'hospitalité infinie de la mer. Je suis un point sur la ligne d'horizon des habitants de l'île d'Anticosti et j'imagine la présence des voyageurs qui ont agrandi le pays à la manière de M. Willie.

Je séjourne dans un de ces lieux privilégiés où s'apprennent encore la sagesse et l'amour de vivre. Dans la pureté de l'air, de l'eau, de l'herbe et de la neige: on imagine facilement ce pays droit debout sur l'hiver. Comme les hommes qui l'ont fait se sont tenus droits sur la mer à la barre du jour. Comme Jean-du-Sud que j'ai vu marcher fièrement dans le village, un midi de beau temps.

Je passe plusieurs heures, chaque jour, à l'écoute des confidences de Mme Marie et de M. Willie, qui font désormais partie de ma vie. Selon le cours de leurs sentiments et de leurs souvenirs, j'ai droit à des histoires drôles ou tragiques, histoires de naufrages ou histoires d'amour, leçons de vie ou de mort.

Sur la Basse-Côte-Nord, la mort fait partie de la vie. On n'exploite pas sans risque la mer et la forêt. M. Willie me raconte plusieurs retours tragiques de la chasse, quand les lacs n'étaient pas encore gelés, la veille de Noël, et que les trappeurs restaient isolés. La mort voyage plus vite que l'hiver et que les voyageurs. M. Willie se souvient des naufrages dans les rivières et

de la mort de ces chasseurs et pêcheurs égarés qui
étaient ses amis. Il conclura ce chapitre par la vie exemplaire de Jos Hébert, le facteur qui n'a jamais perdu sa
route.

Ces histoires, M. Willie me les sert entre la fin du
repas et la partie de cartes de la soirée. Les premiers
jours, il me raconte des histoires de marins et autres
voyageurs. Puis, après une semaine, Mme Marie et son
homme évoquent leurs amours. Mme Marie est devenue
à ce sujet moins secrète et plus volubile, ouvrant même
des pistes pour la verve de M. Willie. Les deux me font
des confidences concernant leurs premières rencontres
dans la Beauce où Mme Marie était institutrice. Ils me
parlent comme s'ils venaient de se marier.

Aujourd'hui, veille de mon départ, ils évoquent
leurs morts. «Je n'aime pas la plage, me dit M. Willie.
Un jour, j'ai marché trente milles sur le sable pour
apprendre qu'on venait d'enterrer mon plus vieux.
Cette année-là, la grippe espagnole a passé et en quelques mois j'ai perdu mon père, mon frère et l'aîné de
mes enfants. Si Marie n'avait pas été là... Moi, je n'avais
plus de courage. J'aurais voulu m'en aller à des milles
dans le bois, seul. J'en avais trop perdu.»

Les souvenirs nostalgiques font bien deux heures
de conversation, ce soir. M. Willie me dit: «On se raconte des choses tristes, aujourd'hui: c'est peut-être
parce que vous partez demain. Nous, on pensera souvent à vous, cet hiver. On repensera à ce qu'on s'est dit.
Quand vous serez parti, notre désennui ce sera de s'en-
nuyer — comme dans la chanson de Gilles. Il n'y aura
plus personne ici. On sera comme dans le désert.
J'espère que vous allez revenir.»

Je quitte Natashquan à midi. Depuis hier, la brume
enveloppe la côte. La silhouette du village se découvre

à peine sous ce manteau de mer. M. Willie en est heureux. L'avion ne viendra pas! Mme Marie, qui sait tout
des départs, m'a préparé des souvenirs à emporter
dans la grande ville. Un coquillage parfait où elle a inscrit la date de mon départ, 9 août 1969. Un pot de chi-
couté, son dessert préféré. Et le saumon de Ti-Can.
Nous entendons bien les moteurs de l'avion. La minute
du départ est aussi intense que fuyante. Je remercie
mes hôtes avant d'être conduit vers le terrain qui sert
d'aéroport. La brume a laissé un trou au-dessus du
village. Un coin du temps est clair pour les adieux.

Un mois plus tard, quand l'ami Henri Hamel m'apprend au téléphone que Mme Marie et M. Willie sont à
Québec, je m'empresse d'aller les chercher pour un
tour de l'île d'Orléans. Ce jour-là, la saison est à son
plus beau. L'émerveillement de Mme Marie devant les
fleurs, celui de M. Willie devant les arbres témoignent
de leur intimité avec la nature. À Sainte-Famille, nous
nous arrêtons au bord de la route pour admirer le paysage. Les vergers ne me sont jamais apparus aussi riches. M. Willie vient de me dire: «Je n'avais jamais vu
une pomme dans son pommier».

Puis nous visitons à Saint-Jean mon ami François
Lafortune, qui habite une vieille maison: une ancienne
école meublée des plus belles antiquités de la
Nouvelle-France. Mme Marie, qui a été institutrice, et
M. Willie, qui a le respect des Anciens, ne peuvent que
se réjouir de cette halte. Ils admirent les lieux et
s'émeuvent de toucher la beauté du vieux bois et des
pierres de la maison.

Je les conduis ensuite chez moi, à l'autre bout de
l'île, à Saint-Pierre, où j'habite avec ma compagne
Gabrielle une maison normande bâtie au XVIIe siècle.

Nos visiteurs s'y sentent à l'aise et heureux. Nous buvons, mangeons, chantons, dansons, parlons durant des heures. Le feu de foyer réjouit les voyageurs. Le vin a délié les mémoires et les voix. La joie est à son comble avec le répertoire des chansons anciennes de M. Willie. Puis ce dernier nous lance, avec plus d'émotion que de solennité: «Je me souviendrai jusqu'à la fin de mes jours des poutres solides de cette maison de l'île d'Orléans vieille de trois cents ans.»

Il se fait tard. Mme Marie et M. Willie acceptent volontiers de passer la nuit dans l'île. Le lendemain matin, l'ami Henri Hamel viendra de Québec chercher le couple le plus heureux que j'aie vu dans ma vie. Je leur offrirai des quatre-saisons. Portant les fleurs à sa boutonnière, M. Willie nous lance de son sourire le plus large et de son regard le plus tendre sur Mme Marie: «On dirait qu'on est des nouveaux mariés.»

Je reverrai M. Willie à l'Hôtel-Dieu de Québec, quelques jours plus tard. Son pied est guéri mais le corps est usé par les voyages. M. Willie a refusé la rasade de gin que lui offrait l'infirmière. Par fierté. Il a pris peur quand ses vaisseaux se sont mis à éclater. Il s'est laissé couler de fatigue. Du fond de son lit d'hôpital, il me sourira tendrement. Quand le temps est bas, les hommes se sentent encore plus près les uns des autres. Il n'est point besoin de parler. Chaque mémoire se nourrit d'un vaste silence.

M. Willie a pensé qu'il marchait sur cette plage qu'il n'aimait pas. Il est monté dans sa barque aux Galets pour faire le seul voyage qu'on ne raconte pas. Pour traverser l'hiver seul. Pour rejoindre Cailloula-Pierre au pays de la chasse et de la pêche où rien ne manque plus. «Avec des amis... un peu de gin... et des

Jean Royer et son chien Duc, à Saint-Pierre, île d'Orléans, hiver 1972. *Photo:* Kèro.

Natashquan, vers 1965. De g. à dr.: Gilles Vigneault, son père, M. Willie, et le violoneux Camoun, qui a inspiré *La danse à Saint-Dilon*. *Photo:* Arthur Lamothe.

Théâtre Le Galendor, à l'île d'Orléans, été 1973. De g. à dr.: Jean-Paul Filion, Félix Leclerc et Jean Royer (de dos). *Photo:* Marco Labrecque, pour Le Galendor.

«L'alouette en colère». Félix Leclerc et son fils Francis sur le seuil de sa maison, à Saint-Pierre, île d'Orléans, vers 1970. *Photo:* Martin Leclerc, fils aîné de Félix.

À l'aube de la Nuit de la poésie du Galendor, le 24 juin 1971, à l'île d'Orléans. *Photo:* François Brunelle, pour Le Galendor.

Théâtre Le Galendor, à Saint-Pierre, île d'Orléans, été 1971. *Photo:* Jacques Deschênes, *Le Soleil*.

Jean-Pierre Masson et Louis de Santis dans une scène de la pièce de Félix Leclerc, *Qui est le père?*, créée au Galendor à l'été 1973. *Photo:* coll. particulière.

Les personnages de la pièce de Pierre Morency, *La Jarnigoine,* créée au Galendor en mai 1971. De g. à dr., les comédiens Raymond Bouchard, Roseline Chouinard, Normand Chouinard, Dorothée Berryman et Marc Legault. *Photo:* François Brunelle, pour Le Galendor.

Le groupe des «Poètes sur parole», à Québec, en février 1970. De g. à dr., au premier plan: Jean Royer, Guy Simard (musicien), Pierre Morency et Richard Joubert (annonceur à Radio-Canada); en arrière-plan: Louis Royer, Claude Fleury (peintre) et Jacques Garneau. Photo prise à l'occasion d'un récital à l'Institut canadien, rue Saint-Stanislas. *Photo:* coll. particulière.

L'équipe de la revue *Estuaire,* en avril 1979. De g. à dr.: François Mailhot, Jean-Pierre Guay, Pauline Geoffrion (administratrice), Jean Royer (directeur), Suzanne Paradis et (de dos) Jacques Deschênes, du journal *Le Soleil.* Photographie prise sur le traversier Québec-Lévis par Claudel.

Jordi Bonet sculptant à la truelle le mur central du Grand Théâtre de Québec, en mars 1969, lors du tournage du film *Faire hurler les murs*, images de Paul Vézina pour l'Office du film du Québec.

Île d'Orléans. Les fiancés Alice Wright et Paul-Ernest Royer à Sainte-Pétronille, vers 1935. *Photo:* coll. particulière.

Îles de la Madeleine. Jean Royer et sa mère, à l'été 1981. *Photo:* coll. particulière.

cigares... on se croirait au paradis.» M. Willie chante la chanson de Gilles: «La vie était un beau métier».

Aujourd'hui, le plus célèbre village de la Côte-Nord est orphelin d'un de ses pionniers. Chaque année nouvelle commencera sans M. Willie: «On sera comme dans le désert», disait-il. En vérité, M. Willie appartient pour toujours à Natashquan. Aux Galets, la mer continue de rouler. L'aimable tiédeur de l'automne recouvre les maisons de son mystère de brume. Les vigneaults portent encore le poisson. Et la mer, les mêmes barques. Sur le rivage, l'ancre couchée comme une absence frôle l'épaule du marcheur...

Le temps donne raison aux voyageurs.

Les colombes de Tunis

La magie est tunisienne pour moi depuis le printemps 1973, quand je deviens «l'assistant» du célèbre Kassagi, qui, en un tournemain, me fait apparaître sur la scène du Théâtre de Tunis.

Je suis arrivé là grâce à son impresario Gilles Bleiveis, un communiste parisien qui gère aussi les affaires de Gilles Vigneault en France. Il m'a invité à me joindre à la troupe de Kassagi un peu par humour, puisqu'il me surnomme affectueusement «Le manchot», ponctuant de son grand rire une amitié chaleureuse que nous arrosons volontiers presque tous les soirs à La Coupole, pour oublier la grisaille de l'hiver. Je séjourne à Paris depuis quelques mois et le bureau de Bleiveis, rue de Vaugirard, est devenu mon port d'attache. Il m'a emmené avec lui préparer une tournée de Vigneault en Bretagne. Puis il m'a présenté à Lausanne un poète-à-la-guitare, Michel Buhler, qui deviendra mon ami comme si nous étions nés de la même forêt.

La troupe de Kassagi pour les spectacles de Tunis se composera donc de Buhler et de moi, parachutés «assistants» du magicien, ainsi que du photographe Pierre Hussenot, un autre ami de Bleiveis. Le magicien et sa femme nous rejoindront par bateau depuis Marseille

avec leur véritable assistant, Reynaldo dit «le Chinois».
Nous avons mission d'illustrer la réussite «internationale»
de l'artiste d'origine tunisienne.

Kassagi revient pour la première fois dans son
pays natal qu'il avait quitté le 7 juin 1955 pour Paris.
Devenu célèbre, il a fait quatre fois le tour du monde,
il a passé dix-huit mois en Asie et donné son spectacle
à l'Exposition universelle de Montréal en 1967. Il est
détenteur de l'oscar mondial de la magie.

Le vertige me prend quand l'avion tourne au-
dessus de la Méditerranée pour atterrir à l'aéroport de
Carthage. Des ruines de la vieille ville africaine je vois
surgir l'injonction fameuse de Caton l'Ancien: «*Delenda
est quoque Carthago!*» J'aborde pour la première fois ce
continent qui détourna pour un temps Ulysse de son
destin. Je suis fébrile et curieux de connaître de près
tout un passé exemplaire du métissage culturel de ce
monde, qui est aussi à la source de ma propre existence.

Nous habitons un modeste hôtel près du Théâtre
de Tunis. Le dépaysement n'est pas total. Un passé
colonial récent caractérise l'avenue Habib Bourguiba,
qui, à partir de la place d'Afrique, est prolongée par
l'avenue de France jusqu'à la porte de Bab-El Bahar —
«Porte de la mer» —, qui ouvre sur la médina. On n'accède pas à la médina sans remarquer l'ambassade de
France, le Centre culturel américain et l'ambassade britannique. La grande avenue Bourguiba est bordée d'arbres, mais aussi de boutiques de fleuristes et de cafés,
dont le Café de Paris, bondé de lecteurs du *Monde*.
Non loin de là, le Musée du Bardo, témoin d'un monde
ancien, abrite une riche collection de mosaïques romai-
nes et l'unique portrait de Virgile assis entre deux
muses.

C'est à l'hôtel Africa, le nouveau gratte-ciel de Tunis, que le magicien convoque sa conférence de presse. Le portier de l'hôtel est un nain au regard joyeux qui s'empresse d'obtenir un autographe de Kassagi. Quelques journalistes et une caméra de télévision sont déjà installés. Kassagi fait les présentations de la troupe qui l'entoure: une amie tunisienne, fille de ministre et journaliste en dehors de sa pharmacie, «son» impresario parisien, «son» chanteur suisse, qui servira d'intermède entre deux tours de magie, «son» ami journaliste canadien, en veste à carreaux, qu'il aurait connu à Montréal, puis sa femme et Reynaldo «le Chinois», complices de scène. Comme il se doit, je pose la première question. Kassagi, beau parleur et faux modeste, entreprend de séduire ses compatriotes et de s'assurer d'un retour triomphal au pays. Il faut remplir durant toute une semaine le Théâtre de Tunis.

Maintenant que chacun est investi de son rôle, Kassagi peut nous inviter royalement à sa table. Durant le repas, il fait quelques tours de passe-passe, dont la spectaculaire illusion de la pièce de monnaie passant à travers un verre d'eau, quelques jeux de cordes et de mouchoirs et des tours de pickpocket. Il me vole ma montre et à Bleiveis son portefeuille devant tout le monde à table sans même que nous nous en rendions compte. Son habileté est assez extraordinaire. Kassagi est un prestidigitateur de grande virtuosité. Il m'explique, pour me mettre à l'aise dans ma peau de manchot, que «la magie n'existe pas». «Je suis un illusionniste, je fais du spectacle et le rêve devient réel: je fais apparaître un oiseau, un caniche, une femme, et la folie devient réelle. C'est là mon plaisir.»

Son métier de tire-laine, le magicien l'a appris très jeune. Né dans un quartier pauvre, de parents qui se sépareront quand il aura quinze ans, Kassagi est venu

au monde dans un cimetière où était installé l'abri fami-
lial, à l'ombre de l'église Saint-Paul de Tunis. Un jour,
ses compagnons de jeu l'ont entraîné en banlieue, dans
un bidonville, et l'ont présenté à El Bab. Moustachu à
la Dali, médailles de l'armée sur la poitrine, cet ancien
sergent de l'armée française enseignait aux jeunes le
métier de pickpocket!

Pour voler les portefeuilles, explique-t-il, il faut
être trois: un enfant qui avertit, un pickpocket et un
fileur. Les enfants rapportaient les fruits de leurs vols à
El Bab contre un repas frugal. Kassagi passa ainsi son
enfance de pickpocket sur la place du marché. (Plus
tard, il expliquera le métier à Louis Malle pour son film
Le voleur.)

Un jour, durant une fête, il vit un magicien. Il
découvrit un de ses tours et le lui expliqua devant les
spectateurs. Il reçut une gifle. Ce jour-là, le jeune Kassagi se promit de remettre son affront au magicien: il
deviendrait meilleur que lui. Il décida de partir pour
l'Égypte, où vivent les meilleurs magiciens du monde,
selon la croyance. Kassagi revint à Tunis deux ans plus
tard, en 1949, et son premier partenaire fut le magicien
de la gifle!

Le repas terminé, nous nous dirigeons avec Kassagi vers le théâtre. Des techniciens montent les décors.
Reynaldo «le Chinois» déballe les accessoires, la femme
de Kassagi s'occupe de nourrir les caniches. Les colombes sont en cage: elles sortiront des mouchoirs colorés
durant le spectacle. Buhler et moi, promus assistants du
magicien, sommes initiés par Kassagi à la mise en place
de quelques tours pour lesquels nous deviendrons
indispensables. Il s'agit d'ordonner les accessoires en
coulisses, de plier les mouchoirs de telle ou telle façon,
de se placer là où il faut et de mémoriser le code des

indications du magicien pour la réussite du tour de la lévitation.

Bientôt arrive une bande de braves Tunisiens à qui Kassagi fait l'accolade: ce sont ses amis de jeunesse, les pickpockets d'autrefois, qu'il a engagés comme complices de son spectacle. C'est sur eux que le magicien fera des vols de montres et de portefeuilles, et coupera des cravates qu'il leur rendra intégrales! Dans la lenteur des préparatifs, l'amitié se fait jour parmi tout ce beau monde. Kassagi retrouve son enfance.

Nous allons enfin dans une des loges du théâtre, où Kassagi et sa femme vont vérifier la cage dans laquelle sont enfermés les caniches et les colombes qui apparaîtront durant le spectacle. La cage unique des animaux a deux étages: à la mezzanine dorment les colombes, au rez-de-chaussée reniflent les caniches. Certes, la cage n'a rien de la finesse des cages à oiseaux en fil bleu et blanc de Sidi-Bou-Saïd: elle est bâtie solidement en acier inoxydable, assez grande pour contenir deux caniches et trois colombes à chacun de ses étages que la porte bien fermée rend étanches.

Dans trois jours, le temps de déployer toute la publicité nécessaire, Kassagi pourra entreprendre une semaine de spectacles. D'ici là, des émissions de télévision et de radio l'accueilleront en héros, lui, le meilleur magicien de l'Europe et du monde!

Quant à nous, qui formons sa joyeuse troupe d'assistants, nous avons le temps de visiter un peu Tunis, jusqu'aux sites de Carthage et Salammbô. La médina, construite par les conquérants arabes, contraste avec la Tunis occidentalisée. Les souks désignent divers métiers: rue des Orfèvres, rue de la Laine, rue des Selliers, mosquée des Teinturiers, mais aussi rue des Juges et rue des Andalous. Au-delà de l'impression d'habiter une carte postale exotique, le visiteur est le témoin d'une vie réelle qui ne concerne pas exclusivement les touristes. Ici s'échangent des secrets, ici se cachent des vies, derrière la parole argumentaire du vendeur de tapis. Les parfums de menthe et de henné vous prennent à la gorge, les odeurs de cumin ou de coriandre vous envahissent l'âme d'un Orient inoubliable.

À quelques kilomètres de là, grâce au petit train de bois pittoresque qui nous y conduit, les légendaires Carthage et Salammbô vous apprennent un passé historique dont il reste quelques ruines. Puis, en revenant vers la capitale, un arrêt sur la colline de Sidi-Bou-Saïd fait apparaître la splendeur du golfe et du Jebel-Bou-Kornine, à partir de la terrassse qui jouxte le fameux Café des Nattes où nous prenons un thé à la menthe. D'ici, nous voyons venir tous les navires et les rêves du passé qui se fondent au présent.

Le lendemain de cette visite plutôt touristique, le magicien Kassagi nous invite, Pierre Hussenot et moi, à l'accompagner sur les traces de son enfance. Nous prenons place dans sa Mercedes — «d'un modèle plus imposant que celle de Bourguiba; je me suis informé avant de revenir ici», précise Kassagi — et nous entrons en visiteurs privilégiés dans le passé misérable du magicien. Hussenot le photographe est assis à côté de notre guide et je trône sur la banquette arrière au milieu d'un tas de dépliants publicitaires. Nous entrons dans la rue du Marché. Une foule grouillante s'attroupe autour de la Mercedes. Des enfants crient et se collent le nez à la vitre. Des femmes se voilent le visage. D'autres applaudissent leur vedette. La rue est à peine plus large que l'automobile. Une vendeuse de fruits se trouve à nous bloquer le passage. Résignée, elle se penche, soulève péniblement sa caisse de mandarines et la place dans une entrée de cour pour laisser passer l'auto. Kassagi nous la désigne comme une de ses vieilles tantes. Il ne la salue pas. «Je piétine mon passé, nous lance le magicien. Ils sont gentils: je passe et ils applaudissent. C'est merveilleux, non?» Hussenot me jette un regard interrogateur. Nous sommes mal à l'aise devant l'attitude de Kassagi. Il ajoute: «C'est dur de sortir de cette rue. J'ai honte d'être sorti de là. Je me sens responsable de quelque chose.»

Nous nous immobilisons. Kassagi sort de l'auto. Il distribue ses dépliants et sa photo. Les enfants s'arrachent les feuillets, le temps d'un éclair, comme s'ils recevaient le premier cadeau de leur vie. Puis nous repartons, conscients que d'autres enfants, plus riches, pourront se procurer la boîte de jeux de magie qu'annonce le feuillet publicitaire.

Nous arrivons dans un autre quartier où Kassagi veut revoir son ancienne école. Après l'occupation allemande de la dernière guerre, les Américains l'ont transformée en caserne. Aujourd'hui, l'édifice abrite des taudis. Une corde à linge tranche de ses couleurs avec les pierres grises qui s'effritent. Ému de revisiter les lieux, Kassagi s'empare d'une pierre au sol et la met dans son auto. Arrive un groupe d'enfants qui le reconnaissent. Il me dit: «Tu vois la misère: j'étais comme ces petits enfants. C'est pourquoi je viens rouler sur mon passé avec ma Mercedes.» Alors, un enfant, dans un geste spontané, casse son pain et lui en offre un quignon. Kassagi le remercie et me regarde en silence: il a les larmes aux yeux.

Nous quittons enfin ce quartier démuni. J'ai surtout hâte de n'être plus dans cette Mercedes au milieu de la pauvreté. En blague et pour chasser la honte d'être là, Hussenot et moi jouons aux hommes politiques en limousine, saluant la foule d'un geste de la main et refusant d'adresser la parole à notre «conducteur». Ici, le rêve tue le réel.

Deux jours plus tard, le Théâtre de Tunis est plein à craquer. Kassagi peut triompher. À l'ouverture du rideau de cette scène à l'italienne, dans la salle, une douzaine de personnes se lèvent et entonnent un air que reconnaît Kassagi: ils lui font la surprise de chanter l'hymne des anciens pickpockets! Le spectacle va bon train. Kassagi est vraiment un grand illusionniste. Moi, je me sens bien loin de ma mère en travaillant comme assistant d'un magicien.

Un des derniers tours de la soirée est le spectaculaire numéro de lévitation. Kassagi demande à sa femme de se coucher sur un modeste lit de scène et, par des «formules magiques», tout en donnant l'illusion de passer un cerceau tout le long du lit et du corps de sa femme, il semble la faire monter dans les airs. L'illusion est totale pour les spectateurs. Mais Buhler et moi, derrière la scène, nous croulons de rire. Nous actionnons à deux une manivelle reliée à la structure où est allongée la femme du magicien. Un pas bien marqué de Kassagi sur la scène et nous tournons la manivelle. La roue de la machine de fer grince à faire peur. Deux autres pas de Kassagi et nous arrêtons notre mouvement. Notre effort est aussi réel que le fou rire qui nous emporte! La machine aurait dû être huilée. Nous reprenons finalement l'opération en sens inverse, sur les ordres du magicien, et sa femme redescend sur terre pour atterrir sur la scène. La lévitation n'a plus rien de mystérieux ni de métaphysique désormais pour Buhler et moi.

Le spectacle terminé, nous portons les colombes et les caniches dans leur cage. Cette opération fait partie de nos responsabilités d'assistants. Buhler ouvre la

porte de la loge déserte. Un seul meuble s'y trouve:
la cage en acier. Nous plaçons les trois colombes doci-
les à la mezzanine et les deux caniches au rez-
de-chaussée. Buhler ferme la porte. Nous sortons de la
loge pour rejoindre les autres membres de la troupe en
coulisses. Kassagi est assailli par le public. Il nous invite
à la fête d'après-spectacle et nous prie de le précéder
au restaurant de l'hôtel Africa. Durant le repas, Kassagi
nous racontera d'autres épisodes de sa vie et nous tra-
cera un programme de visites dans sa chère Tunisie,
pour la semaine qui vient, après la série de représentations dans la capitale. Mais d'ici là, nous devons
travailler. Demain midi, nous avons rendez-vous au
théâtre de l'avenue Bourguiba, afin de préparer les
accessoires pour le spectacle du soir.

En arrivant au théâtre, ce midi-là, notre première
pensée sera pour les animaux du magicien, isolés dans
la grande loge. Buhler a la clé des lieux. Il ouvre la
porte. Horreur! Des plumes et du sang partout sur les
murs! Les caniches affolés dans un coin! Les colombes
disparues! Revenus de notre stupéfaction, nous comprenons bien que les caniches ont bouffé les colombes!
Le carnage! Nous alertons les autres en coulisses. Bleiveis accourt. Puis Kassagi et sa femme. C'est la conster-
nation générale. Bleiveis, en vieux militant, conclut tout
de suite au complot politique. Un peu plus et l'on
aurait posé une bombe dans la cage! Qui a pu ouvrir la
loge, puis la cage, pour ce sabotage? La porte ouverte,
les oiseaux sont aussi libres que les chiens de sortir de
la cage. Les colombes se seront précipitées contre les
murs, puis, épuisées, seront tombées à terre, à la portée des caniches qui — le savait-on? — sont des chasseurs aguerris.

La catastrophe est-elle irréparable? Kassagi en a
bien peur. Le programme de l'après-midi est tout tracé:

nous irons au marché pour acheter des colombes. Hélas, le symbole de la paix est plus rare qu'on ne l'imagine. Après avoir visité trois ou quatre marchés de la région, nous n'avons trouvé qu'une seule colombe. Kassagi l'a achetée avec un soupir de soulagement. Il devra adapter ses numéros à la présence de l'unique oiseau.

Le carnage de la loge restera l'énigme de cette semaine de spectacles à Tunis. Kassagi en demeurera troublé et même agacé. Cet événement aura quelque peu gâché son retour en Tunisie. Quand nous le quittons, à la fin des représentations, il nous fait ses recommandations pour notre visite prolongée dans cette mystérieuse Tunisie.

Buhler, Hussenot et moi avons décidé de visiter le petit pays du nord au sud et jusqu'à l'île de Djerba, cette Ogygie où Calypso tint Ulysse captif. Notre première halte se fait à Hammamet, où nous attendent des plages hospitalières. Durant le repas, Buhler m'apparaît très fatigué. Lui naturellement si peu loquace parle moins que jamais. Son silence m'intrigue. Quand je demande à notre hôtelier ce que signifie le nom de Hammamet, ce dernier me répond que, selon la prononciation, il peut avoir le sens de «bains» ou de «colombes».[1] À ma grande surprise, cette réponse fait rougir Michel Buhler qui, aidé sans doute par deux ou trois verres de boukha, l'alcool de figue du pays, me lance, les dents serrées et le regard fixe:

«C'est moi!

---

1. En fait, cette remarque vient de quelqu'un qui connait mal la langue arabe. Comme me l'expliquera plus tard l'écrivain et poète tunisien Tahar Bekri, HAMMAMET veut bien dire «les bains» et le mot nomme la ville qui est une station balnéaire depuis l'époque des Romains. Par contre, on désigne la colombe ou le pigeon par le mot HMAM (au pluriel HMAMET).

— Quoi? Que veux-tu dire?

— Les caniches qui bouffent les colombes, c'est à cause de moi!

— Mais que s'est-il passé?

— En mettant les caniches dans la cage, j'ai été pris de compassion et j'ai laissé la porte entrouverte, afin que les chiens puissent courir dans la loge. Mais je n'ai jamais pensé au fait que je libérais en même temps les oiseaux! J'ai honte!»

Puis, après quelques instants de silence, le trop doux Buhler se met enfin à rire de bon cœur! Soulagé de son secret. Délivré du meurtre involontaire de trois symboles de la paix. Se disant qu'après tout il ne s'agissait que des colombes de Kassagi!

Je le rassure et j'allège sa conscience dans un grand rire en lui rappelant qu'il aurait été bien plus grave pour nous, en tant qu'assistants du magicien, de rater notre coup pour le numéro de lévitation!

Journal des îles de la Madeleine

On aime à voyager
La mer a bien grandi
Depuis que Cartier
Nota dans la nuit:
«Quarante-huyt de grez [...]»
Et des étoiles...

GEORGES LANGFORD

Samedi

Les îles de la Madeleine sont le paradis du Québec durant l'été. Des kilomètres de sable blanc et une mer émeraude vous font oublier l'existence même des saisons. Pays étrange par ses dimensions à hauteur d'homme. Le paysage n'a pas ici l'envergure des montagnes de Charlevoix, mais il nous accueille dans une sorte d'intimité toute lumineuse. Voici des collines douces, des maisons aux couleurs chaudes, une terre rouge. En contraste, on sent vite autour de soi la force des éléments. Le vent emporte vos derniers soucis. Vous êtes ramené à vous-même tout de suite, aux prises avec le mystère puissant de la mer et les caprices incessants d'un vent d'ouest qui vous accompagne dans tous vos périples. Ici, vous n'êtes pas au bord d'un fleuve qui passe, vous séjournez en pleine mer éternelle!

Lundi

Il y a vingt ans, l'île d'Orléans m'était devenue une sorte de refuge. J'y ai séjourné plusieurs années, la préférant au Vieux-Québec. J'y retrouvais la liberté et le désir de créer, d'imaginer, en regardant le fleuve et ses oiseaux. En même temps, j'avais la sensation de retrouver sur l'île un lieu originaire — et même fœtal. Quand, adulte, j'ai traversé le pont de l'île d'Orléans pour la première fois, j'étais avec ma mère. Par la suite, il me semble que j'ai habité l'île d'Orléans pour retrouver la fusion avec la terre, avec la réalité comme avec le rêve. J'étais en quête d'un continent perdu en moi. Nous sommes tous malades de l'Atlantide, disait Lawrence Durrell.

J'ai eu le même sentiment en visitant, en 1978, les îles d'Or, au large de Toulon. Quelques jours à l'île du Levant, cet abri des naturistes, m'ont fait voir que le paradis terrestre n'est pas seulement peuplé de jolies starlettes, et que les descendants d'Ève et d'Adam ne sont pas faits pour vieillir nus sur la place publique. À Porquerolles, j'ai ressenti les bonheurs de l'ancienne civilisation méditerranéenne: parfums et luxuriance du paysage autant que plaisirs de la gastronomie. C'est surtout dans l'île de Port-Cros, sur les traces de notre poète Alain Grandbois, que j'ai eu la sensation d'être en dehors du monde, *pris et protégé par la mer...* On dirait que chacun porte en soi l'image d'une île, à la fois primordiale et universelle. Une île pour soi, qui vous permette en même temps de vous sentir en communication avec le monde entier. Habiter une île, c'est tenter de conquérir cet infini entre soi et le monde.

Les îles de la Madeleine, cependant, ne me sont pas un refuge. Au contraire, je m'y sens au commencement du monde et au milieu de moi-même. Je ne fuis rien, je m'approche de moi. Ce lieu nous maintient dans une situation de tension: on y est face aux éléments naturels — vents et marées — à partir de soi-même, dans l'exacte conscience d'être en devenir. On ne peut pas tricher, ici, car la seule rumeur reste celle du vent et de la mer. On ne peut pas se mentir. On s'inscrit dans un paysage dont les éléments sont plus forts que sa voix et que son corps. Cette solitude exigeante peut vous rendre fou ou tout au moins vous donner quelque vertige. Si je maîtrise ce vertige, alors je peux entrer en moi et communiquer enfin avec le monde. J'ai tout le temps et l'espace de vivre. En dedans de moi, en dehors de moi. Mon présent est une éternité; j'y entends une partita de Jean-Sébastien Bach.

Mardi

«L'homme n'est pas fait pour être là, pour supporter la nature à haute dose», écrivait Maxime du Camp, accompagnant Flaubert en Bretagne. J'ai la même sensation ici. Et une grande admiration pour la force de vivre des insulaires du golfe du Saint-Laurent. Leur hospitalité envers les visiteurs n'est pas que proverbiale; elle est un partage de la victoire de vivre avec les éléments de la nature. Malgré les dures saisons de l'exil, les Madelinots n'échangeraient pas leur liberté ni leur histoire contre une vie continentale. Ils préfèrent voyager pour mieux revenir dans leur archipel. Sauf les jeunes, qui n'ont presque pas d'avenir ici, n'ayant ni école supérieure ni emplois en vue. Car la société madelinienne, il faut le dire, est en partie soutenue par les subventions du Québec. «Nous sommes devenus les spécialistes de la subvention», me dit quelqu'un. Le travail ne peut être que saisonnier, aux îles. La pêche et le tourisme sont à peu près les seules industries locales.

Mercredi

J'ai la chance de posséder une petite maison sur les caps de Millerand. J'habite avec la femme de ma vie une carte postale dont le point de mire est un phare aux mille légendes et dont le point de fuite reste la mer recommencée. Je m'incruste dans ce paysage d'été depuis quelques années. Devant moi, la mer à 180 degrés. Derrière la maison, les collines d'un pays aux couleurs changeantes selon les vents et la lumière boréale. La belle heure, aux îles, c'est en fin d'après-midi, quand le soleil va se coucher. La lumière s'installe une dernière fois avant de tomber. Le cap du sud-ouest bombe sa silhouette et domine la mer. Certains jours, à cette heure, la mer monte ou descend avec fracas, comme pour appeler les forces de la nuit. D'autres jours, elle est à l'étale et fait miroir. Plus tard, plus près du couchant, les bateaux de pêcheurs passent devant nos caps. Ils vont au maquereau, pas loin. Quand le temps est calme, on entend les pêcheurs se parler d'une barque à l'autre. La fin du jour est immobile. Seule bouge la lumière qui plonge dans la mer pour rejoindre la nuit.

On aime le soleil couchant parce qu'il compose dans son mouvement la mémoire du jour. Devant un coucher de soleil, on sait ce qu'on a perdu. «La vie, c'est une question d'éclairage», m'a dit un jour Marcelle Fer-ron, peintre verrier.

Vendredi

On inaugure ce soir sur la Grave le théâtre Au Vieux Treuil par une pièce du répertoire local. Il y a quelques années, lors de mon premier séjour aux îles, un marchand voulait démolir cet ancien magasin devenu entrepôt. Un groupe d'habitants de la Grave a récupéré le bâtiment et celui d'à côté pour en faire un café et, depuis aujourd'hui, un théâtre d'été. Il y a ici une volonté d'élargir sa culture et de la partager avec les visiteurs. Gastronomie, théâtre, musique et chanson: de quoi accompagner la beauté du paysage. J'admire l'acharnement des jeunes Madelinots à vouloir habiter le paysage et surtout à le rendre habitable.

Dimanche

Cet après-midi, visite de deux amis chers, Jocelyne Coderre et Alcide Painchaud, ce couple d'artistes parmi les plus idéalistes et chaleureux que j'aie rencontrés dans ma vie. Jocelyne est professeur de ballet, en plus de rêver d'ouvrir une auberge et d'écrire des poèmes d'extase et de tendresse. Alcide est amoureux de la mer et partirait en voilier à chaque jour de bon vent. Mais son amour de la musique le garde à terre. Il ne pourrait pas se passer d'un piano, des mille chansons qu'il sait harmoniser ni de la musique traditionnelle qui occupe sa mémoire. Rêveur de culture lui aussi, il peut vous remplir une maison de sa musique et vous ne le quittez plus. Il se sert du piano comme d'un aimant. La société de Havre-Aubert et toute celle des îles lui doivent une partie de leur âme. Quant à nous, continentaux, nous lui devons la mémoire d'un répertoire de chansons anciennes et de gigues endiablées qu'il maintient en vie avec Bertrand Déraspe et les autres musiciens du fameux groupe Suroît.

Lundi

Il existe ici une anthologie de paysages. Les rochers, les caps, les collines marient leur fantaisie avec celles de la mer et du vent. De même, les plages ne se ressemblent pas. La mer n'est jamais la même d'une île à l'autre ou d'un point cardinal à l'autre. Marcher sur la plage devient une aventure nouvelle dans chaque lieu. Un sentiment d'éternité peut alterner avec une impression d'intimité, selon le paysage. La plage de l'Hôpital de la Dune-du-Nord vous apprend la force de la mer. La plage de la Grande-Échouerie vous ramène plutôt à la splendeur du paysage. Tandis que la Dune-du-Sud vous offre une petite baie tranquille habitée de rochers et de grottes hospitalières.

Pour ma part, c'est le double horizon du Bout du Banc de Havre-Aubert que j'aime le mieux fréquenter. Marcher sur la pointe de sable qui s'avance au milieu de la mer comme un chemin vers l'île d'Entrée, c'est prendre contact avec l'éternité. Quand j'y suis allé cet après-midi avec ma mère, en visite aux îles, nous avons tous les deux oublié le temps. Nous étions inondés de lumière et nous marchions sans âge, côte à côte, en plein cœur de la vie. Dans une même tendresse éblouie. En fusion dans un rêve fœtal. Nous étions heureux, ma mère et moi, et cela ne se raconte pas.

Jeudi

Mon ami Eugène Turbide a terminé la construction d'un «magasin» sur l'emplacement de l'ancienne grange, au point le plus élevé de ma propriété. La petite maison accueillera les visiteurs éventuels. La construction est d'une harmonie parfaite. Eugène en a dessiné le plan dans sa tête avant d'en élever la charpente. Ici, le menuisier est d'abord architecte et sa mémoire est celle de l'expérience de son métier. Ensuite, l'artisan s'applique à donner à l'ouvrage une finition irréprochable. J'apprends d'Eugène le respect du matériau, de l'environnement, de l'espace. On dirait bien qu'il connaît les génies du lieu.

Je suis frappé par la parenté qui unit Eugène à cet autre artisan du bois qu'est mon ami Conrad Lapointe, de l'île d'Orléans. Le goût du silence, mais aussi l'invention de l'objet — meuble ou autre construction — à partir d'un plan «dessiné dans la tête». Les deux menuisiers — l'un, charpentier, et l'autre, ébéniste — font en quelque sorte des poèmes sculptés dans le bois, des morceaux de vie sortis tout droit de leur imagination, à la mesure du paysage et des gestes de l'homme. Chez eux, c'est l'action même de faire qui invente l'œuvre. Un peu comme la mer façonne ici les abords des îles.

Vendredi

Carte postale de Paris de Claude Beausoleil. Il préfère les mouvements de la ville à ceux de la mer. Il ne passerait pas un été dans le silence des îles, m'a-t-il avoué cet hiver. À chacun sa manière de vaincre ses angoisses et d'animer ses désirs. Il écrit au milieu de la ville; j'écris au milieu de la mer. Deux façons de sortir du silence et d'attraper les mots. Il écrit en voyageant, en nomade. J'écris en méditation, en sédentaire. Nous ne sommes pas de la même mémoire. Il est photographe; je suis peintre. Mais chacun de nous deux imagine le rêve contemporain.

Aujourd'hui j'ai vu, rabougri dans sa clarté de sel, un arbre qui meurt face à la mer. C'est le sable qui mange nos ombres. Cet automne, en ville, je verrai un arbre qui résiste comme l'alphabet au nid de la rumeur. C'est le paysage qui tremble là où j'écris.

Samedi

Au petit port de L'Anse-à-la-Cabane avec Micheline. Les pêcheurs s'affairent sans trop porter attention aux regards des touristes. Nous prenons le lunch au restaurant aménagé à l'intérieur d'un ancien «botte» maintenant ancré sur la butte. Le vieux bateau de pêcheur recyclé en salle à manger est accueillant et joliment décoré. Nous sommes amarrés au temps. Le repas terminé, nous restons attablés en silence, unis dans la rêverie, en extase devant la mer bleue du midi, à cette heure où croire à l'éternité.

La méditation face à la mer reste une de mes activités quotidiennes, au début des vacances. «Un port est un séjour charmant pour une âme fatiguée des luttes de la vie», écrit Baudelaire. Combien d'heures ai-je passées à contempler la mer assis à notre terrasse, sur les caps de Millerand! Combien de temps reconquis à regarder passer des chars de nuages, à laisser scintiller le phare dans ma tête, à m'arrêter seul en moi jusqu'à retrouver enfin une concentration nouvelle et non plus commandée par un stress extérieur! Aux îles, je me refais une vie spirituelle par la contemplation de la mer.

Quand je vais au port de L'Anse-à-la-Cabane, je ne me prive pas non plus de regarder les bateaux de pêche osciller au bord du quai. L'harmonie de ce paisible mouvement des quilles peut alors «m'entretenir dans l'âme le goût du rythme et de la beauté».

Je profite également des vacances pour m'imprégner des sublimes *Petits poèmes en prose* de Baudelaire et des pages de *Noces* et de *L'été* d'Albert Camus ou des récits parfaits de *Trames* de Mario Luzi — quatre livres qui, à chaque été que je les relis, m'emportent dans un sentiment d'éternité face à la mer régénératrice.

Dimanche

Joyeux après-midi chez Diane Moreau et Georges Langford. Ce dernier nous lit un poème de Thomas Moore, poète irlandais (1779-1852) qui brûla les mémoires de Byron pour ensuite composer lui-même la biographie de son contemporain. Moore a écrit un soir de septembre de 1804 un poème évoquant l'île au Mort, appelée aujourd'hui le Corps-Mort, au sud-ouest des îles. Après la lecture du poème, un ami de Georges, Gaston Lapierre, s'exclame: «Je suis content d'avoir acheté le Corps-Mort, juste pour le poème.» Il nous apprend en effet qu'il vient d'acheter ce lot rocheux pour le seul plaisir de posséder l'horizon!

Plus tard dans la conversation, nous demandons à Langford s'il a écrit d'autres poèmes ou de nouveaux récits, durant le dernier hiver. Son frère Robert répond pour Georges: «On ne trouve rien aux îles, l'hiver! Si tu veux trouver un bon livre aux îles, il faut que tu l'écrives!»

Georges Langford n'est pas qu'un auteur-compositeur émérite; il est aussi le poète de *L'Anse-aux-Demoiselles*, une chronique satirique de la société des îles d'avant le progrès. Écrit dans la tradition du poème narratif, ce texte raconte la vie de l'archipel, isolé dans le golfe du Saint-Laurent au large de la Gaspésie, et que le XXe siècle a fini par rattraper en venant du continent sous le nom magique d'électricité. Et cette fée Électricité a fait entrer les insulaires dans l'histoire de l'Amérique. Ils sont passés, en un éclair, de la civilisation de la vieille Europe à celle de la jeune Amérique. Leurs soirées d'hiver ne se passent plus à écouter chanter le vent car l'écho de la mer leur vient aussi dorénavant de la télévision. En fait, les insulaires ne sont plus seuls: le temps les a rejoints.

Quand je lui pose la question de l'identité madelinienne — québécoise ou acadienne? —, Langford me répond que ce qui définit un Madelinot, c'est l'insularité. «Nous sommes d'abord des insulaires, dit Langford.

Un pêcheur des îles a plus d'affinités avec un pêcheur de la Colombie-Britannique ou de la Gaspésie qu'avec un Montréalais. Et nous sommes plus proches de la Côte-Nord que de la vallée du Richelieu!

«Essaie de t'imaginer que tu es né dans une île dont tu n'es jamais sorti. Es-tu un Québécois? un Américain? ou un Acadien? T'es d'abord un insulaire. Pour toi, il n'y a pas beaucoup de différence entre Moncton et Drummondville. Ce n'est que plus tard, quand tu regardes la télévision ou que tu te mets à voyager, que tu finis par savoir que tu fais partie du Québec. Jusqu'à la vague du nationalisme, jusqu'à ce que nous ayons un député du Parti Québécois aux îles, on s'est toujours sentis des Acadiens plus que des Québécois... On ne célébrait pas la Saint-Jean-Baptiste mais la fête du 15 août des Acadiens. Aujourd'hui, c'est le contraire: on fête le 24 juin!»

Mais alors, qu'est-ce que l'insularité? Langford la raconte dans son livre *L'Anse-aux-Demoiselles*, cette chronique où il met en scène les Picasses et autres insulaires ébahis par le Progrès, se retrouvant face à eux-mêmes, non seulement grâce à l'électricité, mais aussi par ces métiers de solitude et de mer qu'ils pratiquent pour leur survie. Le poème de Langford raconte cette épopée avec un humour et une richesse d'expression qui sont propres à la culture des Madelinots, illustrée de légendes qui prennent une valeur exemplaire.

Car l'insularité a fait naître toute une culture madelinienne: le goût de la musique, la mentalité de voyageur et le culte de la langue. La musique est un art populaire qui fait partie de la vie de la plupart des familles madeliniennes. Le sens du voyage aussi. Qui voyage plus qu'un insulaire visitant les continents?

Sur ce thème, Georges Langford a écrit une chanson d'une qualité exceptionnelle, qui raconte l'histoire du *Premier voyageur*:

> Qui donc inventa le voyage
> Pourquoi quitta-t-il son abri
> Contre les vents contre les pluies
>
> Allait-il dénicher la roue
> Un nouveau territoire de chasse
> Le télescope le parapluie
>
> Et puis le moteur à vapeur
> Ou la formule magistrale
> Qui nous mènera jusqu'aux étoiles
>
> Celui qui partit le premier
> Qui donna le coup de collier
> Contre les vents contre les pluies
>
> La confusion de l'amour
> L'aura-t-il déjà chassé
> Celui qui partit le premier
>
> Ou simplement la mer
> Le goût d'une étrangère
> Le poussaient-ils vers d'autres terres
>
> Le premier voyageur...

La culture madelinienne a conservé également la langue de Rabelais. Ce qui donne au discours madelinot un humour bien particulier, entre autres qualités. «C'est notre force en tant qu'Acadiens d'avoir conservé aux îles de la Madeleine la richesse de la langue et les vieux mots, ajoute Georges Langford. Il n'y a pas de chiac aux îles. On n'est pas aux prises avec une majorité anglaise et on est en plein cœur de l'Acadie.»

Lundi

Micheline et moi avons reçu à souper Pauline Julien et Gérald Godin. Pauline chantait en fin de semaine au Vieux Treuil. Pauline et la sensualité sur scène. Pauline et les mots qui chantent jusqu'au fond de nous. Pauline Chanson. Pauline Poésie. À côté d'elle, Gérald, amoureux et critique, capable de lui reprocher des boucles d'oreille trop voyantes autant que de lui donner des fleurs pour la chanson parfaite.

Avec eux autour de notre table, Diane et Georges ainsi que Jocelyne et Alcide. Le plaisir des îles entre amis de la musique et de la poésie.

Et Gérald Godin qui mange de la morue fraîche après la casserole de fruits de mer, le plat que j'aime tant préparer à ma manière. En exerçant mes petits talents de «chef», durant l'été, je me venge de toutes les fois que ma mère et mes sœurs m'ont sorti, enfant, de «leur» cuisine.

Pauline quitte la table et va voir le soir qui tombe derrière le cap du sud-ouest. Gérald est peu loquace et reste assis à table avec nous. Il a le côté gauche partiellement paralysé; on lui a enlevé une tumeur maligne au cerveau, il y a cinq ans. On va l'opérer de nouveau la semaine prochaine. Il a recouvré l'usage du langage en développant de nouvelles connections pour ses synapses, par une sorte de gymnastique mentale. Gérald nous parle d'un roman qu'il vient de terminer sous le titre *Les poissons ne pleurent pas* et il précise que le manuscrit ne compte que cent vingt-cinq pages: «Je suis un homme de peu de mots», dit-il.

Mercredi

Lise et Jacques Gauvin viennent souper. Ils sont en vacances aux îles pour la première fois. Sur notre terrasse devant la mer, à l'heure de l'apéro — autrement nommée la belle heure ou l'heure bleue —, Lise s'extasie sur la beauté des lieux. «C'est un paradis, chez vous. Aussi beau que la maison natale de Pirandello, que j'ai vue en Corse. Pensez-y, quand vous regardez la mer. Ici, seul vous manque le temple grec derrière la maison...»

Jeudi

La nuit dernière, j'ai cru que la maison allait s'envoler. Les vents étaient si forts qu'on entendait les murs se plaindre.

Quand la tempête vient du sud ou du sud-ouest, le sel de la mer arrive jusqu'à la maison, arrimée pourtant à plus de cent cinquante mètres des caps. Le sel brûle le bardeau de bois qui recouvre les murs et laisse sur la vitre des fenêtres une pellicule grise comme la brume, qu'il faut nettoyer ensuite pour y voir clair.

Ici, les ciels sont dramatiques et changeants. Rapides métamorphoses du jour qui s'avance à la vitesse des vents. Ici, la vie se dessine selon les caprices des microclimats. Musique des jours en un seul jour. En fait, chaque jour est un «jour d'atelier», un cycle complet du temps qu'il fait aux îles: l'ombre inquiétante succède à une luminosité qui vous décuple un regard. Clair-obscur du paysage des îles comme dans un tableau de Friedrich ou un poème en prose de Baudelaire.

Chaque jour des îles de la Madeleine m'apparaît comme une page de Baudelaire, comme cette prose poétique «sans rythme et sans rime, assez souple et assez heurtée pour s'adapter aux mouvements lyriques de l'âme, aux ondulations de la rêverie, aux soubresauts de la conscience».

Vendredi

Journée d'écriture. Micheline termine un recueil de nouvelles. Il est aussi important pour elle d'écrire une nouvelle que de s'attaquer à un roman. Le même processus de transformation de la réalité en fiction, et du réel au fantastique, s'opère dans l'acuité du langage.

Aujourd'hui, Micheline m'a aussi conseillé pour la récriture d'une histoire de mon récit autobiographique, *La Main cachée*. Je m'aperçois que le journalisme déforme le style par l'habitude des litotes et des courts-circuits. Tandis que l'écriture littéraire doit s'intérioriser, se déployer dans le chemin même du langage, sans rien se cacher, jusqu'au bout des mots. La littérature n'a rien à voir avec le journalisme. Avec ce récit, je fais mon apprentissage de l'écriture de fiction et Micheline est un guide dont je n'aurais pas pu me passer. En même temps, j'admire son talent et la virtuosité avec laquelle elle maîtrise la langue tout autant que les techniques de narration.

Samedi

Conversation avec Eugène Turbide, qui a pris la journée pour installer la porte-fenêtre du côté de la mer. Il s'exprime en authentique Madelinot, pour qui la parole est une façon d'être: «Même le langage tue. À force de dire qu'on n'est pas bon, qu'on n'est pas beau, on finit par le devenir. À force de dire qu'on n'aime pas, on n'aime plus», nous explique Eugène.

Lundi

Reçu ce matin, grâce à l'amitié de Gaston Miron à Montréal, les quatre derniers cahiers des livres du *Monde* et de *Libération*. D'un coup, c'est l'euphorie intellectuelle. Je me rends compte à quel point la relation avec la littérature française m'est nécessaire. Je suis stimulé par la vie culturelle européenne plus que par le rêve américain. Je retrouverai avec plaisir la vie littéraire de Montréal après les vacances. De celle-là, je ne pourrais tout simplement pas me passer — pourvu qu'elle me laisse le temps d'accomplir mes quelques projets de livres personnels.

Mardi

C'est le temps des bleuets. Du côté de la pointe à Marichite, une petite forêt d'arbres nains entoure les brûlés où nous allons cueillir les fruits. Là, nous avons vu, à la hauteur de nos yeux, dans un sapin, la tête haute, une rose sauvage qui avait grimpé aux branches du conifère. Spectacle étrange, inédit.

Jeudi

Un voisin est venu couper les foins sur ma terre. Je lui loue mes champs à bas prix. Aux îles, les saisons sont décalées d'un mois par rapport à Montréal. Par ailleurs, de nombreux microclimats règnent dans l'archipel. Par exemple, sur la pointe sud où je demeure, il fait réellement plus chaud que dans le nord des îles: on peut compter parfois à Millerand de quatre à cinq degrés de plus qu'à Grosse-Île, en haut de la carte. Ici, dans l'île de Havre-Aubert, la nature est plus luxuriante que celle des paysages austères de l'île de la Grande Entrée. La terre semble plus riche aussi. On peut y faire de la culture maraîchère et même de l'élevage de bovins et de brebis, ce qui reste tout de même rare de nos jours. Quelques agriculteurs ont cependant besoin de foin pour leur petit troupeau et l'on peut voir dès le début d'août sur les coteaux de Bassin s'aligner dans les champs les mulerons de foin qui seront bientôt entassés pour l'hiver dans les baraques à toit mobile, particulières aux îles. C'est spectaculaire de voir apparaître un paysage aussi champêtre que celui du temps des foins sur des caps qui surplombent la mer.

Vendredi

Après quelques étés de vacances où j'étais ici incognito, j'ai repris du service culturel, cette année: on m'a demandé d'organiser la Soirée de la poésie au Vieux Treuil, coïncidant avec la nuit des perséides, dites étoiles filantes. Sur la scène du théâtre, elle a duré de 22 heures à 2 heures du matin. Une dizaine de volontaires ont choisi chacun deux ou trois textes à dire parmi ceux que je leur avais proposés. Le théâtre était rempli de Madelinots et de touristes. Chacun des interprètes disait un texte qui le touchait. Filles et gars — du «vrai monde» — ressentaient des poèmes qu'ils ne connaissaient pas il y a une semaine. *Jeune fille* de Miron, *Ode à l'ennemi* de Gauvreau, *Mystère de la parole* d'Anne Hébert, *L'outre-vie* de Marie Uguay, *Cousine des écureuils* de Michel Garneau, *La marche* de France Théoret, *Accueil* de Saint-Denys-Garneau, *Îles* de Jean-Guy Pilon, *Balise* de Gilles Vigneault, et d'autres textes, de Nicole Brossard, Madeleine Gagnon, Paul-Marie Lapointe, Gilbert Langevin et Françoise Bujold, ont aussi bien passé la rampe.

Des comédiens ont également lu des poèmes de leurs amis, pleins de paroles amoureuses, féministes, écologiques, au diapason du monde contemporain. Pour sa part, Georges Langford apportait une note personnelle par des chansons subtiles, d'une grande sensibilité, qui affirment que la créativité est en chacun de nous.

Raymond Lévesque, en visite aux îles, est venu saluer les poètes, avec sa candeur proverbiale. La surprise de la Nuit a été la présence de Paul Rose. Invité à dire ses poèmes sur scène, l'ex-felquiste a d'abord expliqué les circonstances de l'écriture de ses textes: un soir de tempête où il avait refusé de s'évader de prison; un autre soir où il avait appris qu'on lui refusait la libération conditionnelle. Paul Rose a ensuite évoqué le fait que cette libération fut favorisée plus tard par la mort de Rosa Rose, «une mère un peu, une amie beaucoup, une vraie militante surtout».

Les larmes aux yeux, l'ancien felquiste se surprend à parler sur scène de ces événements «au deuxième ton», comme il dit. Ajoutant que cette soirée de la poésie peut rejoindre «le deuxième souffle d'un presque pays à quarante pour cent». Il parle d'un «tremblement intérieur» qui passe par la poésie ce soir. Un espoir le ranime, comme à l'époque des boîtes à chansons. Le peuple cherche à se rassembler de nouveau dans des lieux de parole. Cette façon d'explorer son en-dedans est nécessaire à l'idée de pays, dit Paul Rose. «Il n'y a pas de collectivité s'il n'y a pas d'en-dedans-de-soi.»

Mardi

Aujourd'hui, c'est la fête nationale des Acadiens. Dispersés depuis deux siècles sur les côtes et dans les îles, les Acadiens sont unis par la tristesse de leur histoire. Les Anglais les ont déportés en 1755 vers le sud des États-Unis. Certains ont pu rebrousser chemin et remonter jusqu'aux provinces atlantiques et jusqu'aux îles de la Madeleine. Pour d'autres, l'Acadie, c'est peut-être la mer et le rêve de se retrouver ensemble dans une culture que l'on respecte. Car, dispersés sur les bords de mer, les Acadiens ne possèdent plus aucun royaume. Comme autrefois les Celtes qui ne se sentaient chez eux que lorsqu'ils étaient en mer.

Mercredi

Les Acadiens des îles de la Madeleine ont la chance de faire partie du Québec et de sauvegarder leur propre culture. Les Acadiens du Nouveau-Brunswick, de la Nouvelle-Écosse, de l'Île-du-Prince-Édouard et d'ailleurs au Canada anglais ont moins de chance. Ils doivent se battre contre une culture dominante et intolérante pour faire valoir leur droit d'exister à part entière. C'est ce que montre le film de Phil Comeau, *J'avions 375 ans*, tourné en Nouvelle-Écosse où les droits linguistiques et culturels des Acadiens ne sont tout simplement pas reconnus par les Canadiens anglais. Un autre film documentaire, signé par Michel Brault et André Gladu et intitulé *Le dernier boutte*, fait voir l'extinction de la petite société acadienne de Port-au-Port, victime d'un vrai génocide de la part des anglophones de l'île du Cap-Breton. Ces courts métrages illustrent bien le fait qu'une majorité peut facilement succomber à la tentation de l'intolérance et que l'avenir d'une minorité n'est pas assuré tant qu'elle ne possède pas les leviers culturels et politiques pour exister à part entière.

Samedi

Le festival culturel acadien s'honorait ce soir d'un récital d'Aurélien Jomphe, grand tzigane des îles. Ce violoneux exceptionnel, virtuose de tous les répertoires, du reel traditionnel au blues, est une des grandes vedettes de ses îles natales. Il a triomphé dans la plus grande simplicité, en jouant le plus naturellement du monde

des musiques rejoignant toutes les mémoires des Madelinots et des Madeliniennes. Dans sa modestie et sa passion de jouer, Aurélien Jomphe est un artiste populaire
qui sait rester très près de l'inconscient collectif. Hier
soir, à Havre-Aubert, Zorba avait pris le violon d'Aurélien Jomphe. Hier soir, Zorba était un Acadien!

Cette soirée où d'autres musiciens ont rejoint Aurélien Jomphe m'a bien fait voir aussi combien les Madelinots sont différents des autres Québécois. Leur culture
acadienne reste celle qui les relie au reste de l'Amérique.
Ils aiment le blues autant que la gigue, oui, mais leur nostalgie disparaît dans la maîtrise des rythmes du présent.
Une musique intérieure habite le cœur de ces insulaires
d'origine acadienne. Une musique qu'ils ressentent vraiment en eux, sans avoir besoin de taper des mains ou
des pieds. Quand les Madelinots écoutent un reel traditionnel, leur silence rejoint la qualité d'écoute des publics
de la Place des Arts aux concerts de l'Orchestre sympho-
nique de Montréal. C'est sans doute ce qui fait que cette
culture musicale, toute simple, reste bien vivante.

D'ailleurs, le concert terminé, les Madelinots s'em-
pressent de ranger les chaises près des murs de la salle
et de se mettre à danser la gigue au son des mêmes
reels interprétés par les mêmes musiciens. Zorba en
ferait sans doute autant!

Mercredi

Je viens de rencontrer un artiste de première force:
Gabriel Filion. Il habite depuis peu les îles, où sa maison affronte les vents sur une butte de l'Étang-
des-Caps. Dans les années quarante, il faisait partie du
groupe des Sagittaires avec Guy Viau, Lucien Morin et
quelques autres. Il a été un des premiers peintres québécois à s'adonner à l'art abstrait. En 1942, à Montréal,

il fallait le faire! Il a été encouragé par Borduas puis par Claude Gauvreau, me dit-il.

Retiré aux îles de la Madeleine, loin du brouhaha des marchés de la peinture, Filion ne cherche pas à poursuivre une carrière d'artiste. Il peint par nécessité intérieure et cela se voit sur de grands tableaux où s'étale une lumière inoubliable.

J'ai été conquis, non seulement par l'art de Gabriel Filion, mais aussi par sa personnalité, par la discrétion, l'humilité et l'exigence de cet artiste moderne. Me frappe aussi la force des tableaux d'un homme au corps frêle, énergique mais d'une douceur inquiète, secret mais désireux de nous faire voir *le réel absolu*.

Vendredi

Ce soir, c'est la pleine lune. Le pays est d'un calme rassurant. D'une beauté entière, qui semble inépuisable. Mais les vacances sont terminées et nous devons quitter les îles. Nous avons choisi de retourner à Montréal par bateau. Sur le *Madeleine* qui, en plus du fret régulier entre le continent et les îles, accueille de quinze à vingt passagers par voyage durant la belle saison. La traversée promet d'être magnifique, puisqu'on prévoit du beau temps sur tout le Québec pour la fin de semaine. Le départ est annoncé pour trois heures ce matin.

Parmi nos compagnons de voyage, je reconnais Jacques Rose, qui occupe la cabine voisine de la nôtre. Je l'ai rencontré pour la première fois aux îles cet été. Sa belle tête rousse, son sourire engageant, ses yeux lumineux et sa parole chaleureuse font de Jacques Rose un être énergique et attachant. Cet ancien militant du Front de libération du Québec (FLQ) est un être de douceur et plein du désir de vivre. Il poursuit l'utopie du bonheur. Il veut «changer la vie» comme les poètes et les artistes qui cherchent l'expression la plus complète de notre humanité.

Jacques Rose me raconte comment il s'est attaché aux paysages des îles de la Madeleine, puis aux insulaires, qui vivent au bout d'eux-mêmes, le plus souvent, dans la franchise des passions et des sentiments.

L'ex-felquiste garde un esprit de révolutionnaire à travers sa recherche de l'expression artistique et en particulier du théâtre. D'ailleurs, dit-il, notre révolution sera culturelle ou ne sera pas. La culture québécoise, isolée dans la mer anglophone de l'Amérique, survivra au prix de sa volonté politique, mais aussi à la faveur d'un renouvellement incessant.

Le même jour, à minuit

Je suis allé faire un tour au Bistro de Cap-aux-Meules, à côté du port, en attendant le départ. Les jeunes de tous les coins de l'archipel s'y donnent rendez-vous le vendredi soir. Puis j'ai dit adieu aux copains et suis revenu sur le *Madeleine*. La lune est grosse. La mer est calme. Le bateau semble accosté pour toujours dans le silence du soir. La marina danse au clair de lune la valse des dizaines de petits bateaux de pêche ou de plaisance.

Le commissaire de bord, Louis-René, nous a donné la cabine numéro 7. Micheline dort déjà. Elle s'est installée dans le lit du bas. Je coucherai à l'étage! Du hublot, je vois le quai et les autres passagers qui arrivent. Nous serons une douzaine à faire le voyage.

De retour sur le pont du *Madeleine*, où Jacques Rose prend l'air pur de la nuit. Il me raconte son plaisir de voyager. L'an dernier, il a parcouru le Canada et les États-Unis en moto durant trois mois. C'est un homme qui court après la liberté et revient toujours au port, au Québec qu'il aime tant et dont il ne cesse de me parler jusqu'à une heure du matin. Puis nous allons dormir. Dans deux heures, le bateau prendra la mer. Quoi de plus agréable que de sommeiller en pleine mer sur un bateau qui tangue et roule, avec le bruit régulier et monotone des moteurs que réussit pourtant à couvrir le bruit de l'eau?

Samedi

Il est sept heures et le matin est clair dans le golfe du Saint-Laurent. Nous voguons à la vitesse de douze nœuds à l'heure. Je sors sur le pont. L'air n'est pas trop frais. Sensation de liberté totale. Le roulis a dépassé le temps.

Une heure plus tard

Seul à la proue du bateau, je regarde l'horizon qui se déroule à l'infini de l'eau. Porté par le *Madeleine* et le silence des espaces, je me sens ivre d'air et d'eau. Je me lave le cerveau des petites angoisses mesquines qui parfois nous assaillent. Je respire profondément et je partage quelques émotions avec Jacques Cartier!

Dans *Toutes isles*, Pierre Perrault écrit: «Nous sommes celui qui hésite devant ce seuil insupportable où se perdent les rivières du poème!»

En 1534, Jacques Cartier hésite devant le cap Thiennot (Natashquan). Il choisira finalement de rentrer à Saint-Malo plutôt que de pénétrer dans ce fleuve dont lui parlent les Amérindiens. Ce n'est qu'à son deuxième voyage, en 1535, qu'il se risquera à emprunter le «chemin du Canada» et qu'il naviguera au-delà du golfe, «dans ce chemin qui va si loin que jamais homme n'avait été jusqu'au bout...»

L'après-midi

Après le dîner, de retour à la proue du bateau, en compagnie de Micheline et de Jacques Rose. Tous les trois, nous admirons la côte en silence. Le cap de Gaspé apparaît. Puis l'île Bonaventure dans toute sa splendeur. Des milliers d'oiseaux l'habitent, formant comme un tapis de neige. Vu de profil, le rocher Percé a l'air d'un immense château, s'émerveille Jacques Rose. Mais non pas le village de Percé, dont on voit le paysage gaspillé aux alentours de la grève. Voici la Maison du Pêcheur au bord du quai. Jacques Rose est silencieux. Je pense à Suzanne Guité qui, avec les notables de Percé, voulait que l'on ferme la Maison du Pêcheur où se réfugiaient l'été les jeunes gens de la colère et de l'espoir. C'était à la fin des années soixante. Jacques Rose regarde le paysage de plus près avec ses jumelles.

La lumière de ce jour donne aux rochers leurs reliefs et leurs couleurs vives. Nous défilons devant un paysage de commencement du monde.

Jacques Rose sort de son sac la carte du pays. Il veut identifier chaque village de la côte. Puis il tire de sa poche un harmonica. Il lève le bras, le poing fermé sur son harmonica. Il tient l'instrument de musique dans sa main, à bout de bras. Le vent gaspésien se met à jouer de l'harmonica! Face au vent, toute la gamme se fait entendre. Jacques Rose rit de bon cœur. Puis il porte l'harmonica à sa bouche et se met à jouer un air qui évoque le chant des rivières. Le pays danse devant nos yeux. La Gaspésie nous ensorcelle de ses mystères. *Arcane 17* d'André Breton et pays de «la Batèche» de Gaston Miron tout à la fois. «Que la rivière est belle au gué», joue Jacques Rose d'une musique à bouche qui n'a sans doute jamais pris autant d'ampleur qu'entre les rives du Saint-Laurent.

L'euphorie me gagne. Je me mets à giguer sur le pont du *Madeleine*. Je comprends de plus en plus Jacques Cartier! Et nous d'avoir bâti le pays!

Dimanche

Deuxième journée de navigation sur ce petit bateau qui tangue au plus près de l'eau. Les passagers se sont regroupés par petites grappes, à table pour les repas, dans le salon ou sur le pont ensuite. Le capitaine Rémi Arseneau a le type du vrai maître à bord, autoritaire mais attentif à tout le monde, avec un humour de marin qui nous rappelle à chacun son destin dans un même voyage. Hier, nous avons longé la côte du Sud; aujourd'hui, nous filons près de la côte du Nord. Nous arrivons bientôt face au royaume du Saguenay. Aux abords du fjord et de l'entrée de la rivière, l'air est froid. L'eau du Saguenay est noire. Les nœuds d'eau de la rivière me font penser à des trous de mémoire. Puis la côte de Charlevoix s'étale fièrement devant le fleuve qui passe. Le paysage des montagnes boisées et des plateaux cultivés de Charlevoix est grandiose. Ensuite apparaissent les îles. L'île aux Coudres et les quatorze îles de Jacques Cartier, de l'île aux Oies jusqu'à l'île d'Orléans dont le profil interminable nous accompagne comme un secret bien gardé au milieu du fleuve.

Le soleil se couche quand nous arrivons devant Québec illuminé. C'est peut-être pour moi le plus beau moment du voyage. Voir la ville de mon enfance comme un sommet au bout du paysage du fleuve. Comme une apothéose de toutes les beautés apprises durant ce voyage sur le Saint-Laurent.

Lundi

Sept heures du matin. Le temps est gris. Nous entrons dans le port de Montréal. Ici, l'eau du fleuve a pris les couleurs de la ville. Montréal est triste à voir, industrieux sous la pluie. Le voyage terminé, le fleuve n'a plus de nom que celui de ses rives où s'affairent les travailleurs. Ici, on ne voyage plus que dans le quotidien. Nous arrivons du large et d'un temps moins morcelé. Je dois m'ajuster à cet espace multiplié de la ville.

Heureusement, j'arrive d'un pays inoubliable, où se rejoignent l'espace et le temps de la mer recommencée. Dans le nouveau pays intérieur qui m'anime, comme dans l'Algérie de Camus, «l'intelligence est sœur de la lumière».

Passion du journalisme

Le voleur d'émotions

La salle de rédaction est un vaste chantier abandonné. Des piles de dossiers dorment sur les tables. Même le large pupitre des metteurs en pages est désert. Un téléphone sonne. Puis rien.

J'entre ici ce soir pour écrire ma première critique de spectacle. Personne pour m'accueillir, me guider, me conseiller, me corriger. Personne. Demain, une foule de lecteurs me surprendront en flagrant délit de critique!

Je me rends à mon bureau, au fond de la salle. L'éclairage cru des fluorescents me tire l'œil. Je sors de l'obscurité de la salle du Palais Montcalm, à deux pas d'ici, en haut de la côte.

Où sont les autres journalistes? Sans doute à la taverne qui jouxte le journal, en train de savourer ce qu'on appelle «le *break* syndical». Une bonne bière et un *club sandwich* avant de terminer la mise en pages de la première édition du matin.

L'imprimerie de *L'Action catholique* est installée au sous-sol de l'immeuble. Je l'ai visitée, la semaine dernière. Linotypistes et typographes m'ont accueilli chaleureusement à l'atelier. Pour la première fois, j'ai humé l'odeur de l'encre d'imprimerie, j'ai pesé les caractères de plomb, j'ai vu des pages entières montées au marbre et prêtes pour les presses. Enfin, je me suis sali les doigts au siècle!

En ce soir d'octobre 1963, je suis seul devant la page blanche. Le silence des lieux m'effraie. Au-dessus de moi vacille la lumière trop blanche des néons. Que vais-je écrire? D'abord, un peu de méthode. Quelles sont les qualités du spectacle? Et ses défauts? Est-ce que la mise en scène, l'éclairage, le décor servaient bien le contenu? Les réponses tournent en rond dans ma tête. Les mots me donnent le vertige. Les quelques notes prises durant la représentation ne me sont pas très utiles. Trop lapidaires. Des impressions. Il me faut pourtant articuler un ensemble d'arguments qui composeront une véritable critique.

En fait, j'ai détesté le spectacle. Il était mal monté, laid à voir et à entendre, peu relevé dans son propos, son langage et ses évocations. Vulgaire même, par moments. De cette vulgarité qui n'a rien d'artistique et qui tire son effet des conversations de taverne.

C'est la première fois que j'assiste à un spectacle de Gratien Gélinas. Seul en scène, s'armant d'une baguette de professeur et d'un carrousel de diapositives, le comédien lance des blagues faciles durant deux heures. Il se déguise aussi en Tit-Coq et autres personnages de vaudeville pour raconter des histoires sans queue ni tête.

Le public ne rit pas toujours. Moi non plus. Quand je prends des notes, j'ai l'impression qu'on me regarde et qu'on me désigne comme l'austère critique de *L'Action catholique*. La revue du père Gélinas cherche le rire gras. Aurai-je l'air du critique catholique offensé par les allusions au sexe et à la religion?

Pourtant, j'en ai vu d'autres, comme on dit. Je fréquente les spectacles de cabaret depuis que je suis réalisateur à CHRC. J'ai vu Dominique Michel et Denise Filiatrault à La Porte Saint-Jean, Ti-Gus et Ti-Mousse au Baril d'huîtres et le travesti Guilda chez Gérard. Je ne trouve pas ces artistes très raffinés mais le vaudeville reste inventif et divertissant. Principalement quand le spectacle réunit la troupe du Beu-qui-rit, avec Denis Drouin, Paul Berval et Olivier Guimond. Ce dernier est un monsieur si timide qu'après la représentation il ose à peine rejoindre la table des artistes. Il est le contraire du frondeur Jacques Normand, le boute-en-train des fins de soirée à La Porte Saint-Jean, là où je vais souvent flâner vers minuit avec des amis musiciens qui font une jam: Léon Bernier, mon ami d'adolescence, Prix d'Europe et musicien génial, Gaston Rochon, l'ancien chanteur des Collégiens Troubadours et pianiste de Vigneault, et d'autres, comme le contrebassiste Daniel Lessard, qui se défoncent en musique.

Ce soir, seul devant la page blanche, je dois écrire au sujet du minable spectacle de Gratien Gélinas. Sa revue est médiocre, laborieuse et commande un rire forcé. De plus, Gélinas est un mauvais comédien qui fait de l'œil au public et cabotine pour mendier quelques rires. Il se sert de recettes éculées.

Alors j'écris ce que je pense. L'atmosphère du spectacle, le propos, la mise en scène, le peu d'imagination, les réactions du public, tout cela m'inspire une descente en règle jusqu'au jugement final et définitif du jeune loup qui entre dans la bergerie.

Les journalistes du pupitre sont revenus de la pause. Je ne les ai pas vus entrer. Il est minuit et demi. Je relis pour la troisième fois le premier brouillon de ma critique, écrit au stylo à bille. Je rature des mots. Je reprends des phrases. Bientôt, j'ai du mal à me relire. Il me faut récrire le tout.

«Comment ça va?» s'enquiert le directeur de l'information.

Il est une heure et demie du matin. Je bois un café pour me tenir éveillé. Un café qui a le goût bouilli de l'amertume. Le chef de pupitre s'inquiète. Il revient de l'imprimerie.

«Pas plus de trois feuillets, Royer», me lance M. Tremblay.

Je sens que le patron me surveille du coin de l'œil. Peut-être se demande-t-il si je suis capable de taper à la machine à écrire?

Je m'applique à recopier mon texte sans fautes de frappe. Je suis nerveux. J'améliore quelques phrases en les transcrivant au dactylo. Le rythme des frappes sur la feuille porte mon style. J'ai l'impression que mes phrases sont plus courtes et mieux rythmées, une fois dactylographiées. Je suis intimidé par le fait d'écrire à la première personne. Demain, on lira que Jean Royer n'a pas aimé ce qu'a fait Gratien Gélinas. Je me ferai des ennemis. Les lecteurs me jugeront à leur tour. Certes, ma fréquentation des cabarets et ma passion du théâtre devraient me rassurer un peu sur ma nouvelle légitimité de critique.

Non, Gratien Gélinas n'a pas raison de nous proposer une revue inspirée d'une époque révolue et qui s'en prend au jansénisme dépassé de quelques rares punaises de sacristie. Le spectacle du père Gélinas n'est même pas aussi drôle que la revue «Rouge & Or» des Carabins, que j'ai pu voir l'an dernier sur la même scène. Qui donc a dit que Gratien Gélinas était un auteur génial et un comédien de talent?

Ma première critique pourra apparaître sévère, voire dure, mais j'ai la conviction d'arriver à temps avec mes critères modernes! Non, je ne suis pas prétentieux. Juste idéaliste. Je me mettrai au service de l'art, à partir de ce soir. Je défendrai l'harmonie, l'art accompli et non l'insignifiance. Surtout, je situerai chaque œuvre dans son rapport à l'histoire et à notre temps. Avant de la juger, je l'analyserai de manière à la faire comprendre au plus grand public possible. Je ne devrai jamais oublier la fonction pédagogique de la critique.

«Peux-tu me donner ta copie?»

Il est presque trois heures du matin. Encore une ligne à taper. Puis le «(30)» qui marque la fin de l'article. Le chef de pupitre n'a pas souri.

«Tu sais que les presses roulent à trois heures?»

C'est fini. Ma première critique est écrite. Non, mes tourments ne sont pas tout à fait terminés. Rentrant à la maison, je suis envahi par une inquiétude toute nouvelle. Qui suis-je pour critiquer durement un vieux comédien? Ne suis-je pas naïf et néophyte? Pourquoi aurais-je raison contre un spectacle qui fait le tour du Québec et remplit les salles? De quel droit faire la leçon à un homme qui pourrait être mon père? Pourquoi ne l'ai-je pas trouvé drôle? À cause d'un jugement esthétique ou par pudibonderie? Pourquoi devrais-je m'investir d'un rôle social de censeur? Un peu plus et je penserais que la critique est un abus de pouvoir. J'ai peur du jugement des autres. Qu'en sera-t-il alors pour l'artiste ainsi mis en procès dans le journal? Pourquoi prendre en otage dans un article les émotions des artistes et de leur public? Le critique est un voleur d'émotions.

Ces questions ne cesseront jamais de me hanter. En même temps, l'euphorie me gagnera à tenir ce rôle de critique. La signature quotidienne est une drogue. L'heure de tombée qui vous fait écrire, qui vous pousse à bout de pensée, qui vous garde constamment sous les feux des projecteurs. Le journalisme vous garde en vie. Dans la vie publique qui vous fait vous oublier vousmême, d'une certaine façon. L'*ego* travaille pendant que le moi s'engourdit et s'endort. La première victime du voleur d'émotions, c'est le critique lui-même.

Le souvenir le plus cruel de cette première critique reste celui d'avoir travaillé trop longtemps, au stylo à bille puis à la machine à écrire, avant de remettre ma copie. Je dois donc m'inventer une méthode d'écriture plus efficace et rapide. Oui, je vais écrire mes critiques directement au clavier et sans brouillon. Je me le jure. Il s'agira de me servir de mes notes et de les dévelop- per sur mon écran mental. Pour ce faire, aiguiser ma présence au spectacle, forcer ma lucidité, ne pas refu- ser l'émotion mais prendre du recul sur-le-champ. Le critique et son double. Le voleur qui ne s'enfuit pas au moindre bruit. Le voleur qui se fait voyeur.

Après le spectacle, devant la feuille blanche, agrandir mon écran mental. Lire les phrases dans ma tête avant de les écrire. Rédiger en forme de synthèse. Faire l'apprentissage du lapidaire. Me laisser emporter d'un trait par les mots de la pensée et traduire mes émotions dans des phrases qui doivent résonner en écho de ce que j'ai vu et entendu. Écrire d'un seul jet à mon lecteur, à condition de toujours demeurer fidèle à mes réactions devant l'événement.

Écrire pour quelqu'un. Lui expliquer ce qui s'est passé. Justifier ce que j'aurai pensé et ressenti. Ne pas tricher, ni avec les mots ni avec les émotions. Le lecteur et moi, nous sommes embarqués pour le même voyage.

Le critique est un voleur d'émotions qui aura fait la synthèse de l'effet de pensée d'une œuvre. Il sait que l'art nous permet d'unir dans une même forme la pen- sée et l'émotion. Le critique reste du côté du poétique. Il est à l'écoute de ce qui récite le monde et le réin- vente. Le critique travaille contre la mort. Il n'est pas seulement le juge d'un produit artistique mais aussi le montreur d'une culture vivante.

On veut me tutoyer

1963

J'appartiens à un journal dont les colonnes sentent encore la vieille soutane. Chaque jour, je croise un petit homme au front béni, un saint laïque, mon directeur, Louis-Philippe Roy, celui qui a signé un éditorial, aujourd'hui légendaire, se terminant par l'invocation: «Que Staline se le tienne pour dit!»

Comme beaucoup de jeunes gens de ma génération, je me tiens loin des catholiques et je n'ai pas encore d'amis communistes, mais je me réjouis de la Révolution tranquille. Je cherche à fuir l'anachronisme ambiant du journal en tâchant de prendre le pouls de ma société et de me mettre à l'écoute des diverses rumeurs de la ville.

Pour mon premier reportage, je suis affecté à un dîner du Club Richelieu au milieu des hommes d'affaires et des petits politiciens, des jeunes avocats et des marguilliers de la mondanité, toujours prêts à soutenir les bonnes causes afin de s'établir socialement. L'amitié et la charité sont les deux mamelles des clubs sociaux — c'est bien connu!

«Merci d'avance pour ton article!» me lance après le repas le maître de cérémonie, M. Jean Pelletier, ex-journaliste de la télévision, tout en me fourrant un beau billet de dix dollars plié en quatre dans la main.

Je quitte le Château Frontenac rouge de colère. Je descends la côte du Palais à toute vitesse. J'entre au journal blanc de vertige et je lance l'argent sur le bureau du directeur de l'information en le regardant droit dans les yeux:

«Je ne veux plus me salir la main. Plus jamais le Club Richelieu!»

Au pupitre, tout le monde éclate de rire devant mon air scandalisé. Cette pratique d'apprivoisement des journalistes est courante. Elle touche principalement le secteur des sports. Mais le syndicat des journalistes de Québec vient d'intervenir dans ce dossier et les pots-de-vin, déguisés ou non, doivent être bannis de la pratique de notre métier. Qu'est-ce qu'un journaliste qui ne serait pas indépendant?

1965

Je viens de refuser une promotion. Mon rédacteur en chef me proposait d'entreprendre une carrière de courriériste parlementaire et de l'assister à la page éditoriale. M. Lorenzo Paré ne comprend pas que je choisisse de rester attaché aux pages artistiques et littéraires. Il me promet un bel avenir de commentateur politique.

«Tu as une belle plume! Tu as du cœur à l'ouvrage! Tâche d'avoir confiance en toi.»

Ses flatteries ne me feront pas fléchir. Je dis non et non. Je ne crains pas l'action et je pourrais m'adapter au milieu politique aussi facilement qu'aux autres milieux déjà fréquentés dans ma jeune vie! J'ai beau être timide, j'ai quand même un certain sens des relations humaines.

Cependant, mon idée est faite. C'est le journalisme culturel qui m'intéresse et qui m'apparaît la plus belle «vocation», pour employer un mot de la maison. La culture, en ce Québec des années soixante, fonde un avenir. Je suis témoin d'un bouillon de création dans tous les domaines: littérature, théâtre, peinture, musique et chanson. Anne Hébert, Marcel Dubé, Roland Giguère, Jean-Paul Lemieux, Gilles Vigneault et Pauline Julien: je ne veux pas les quitter pour les valets du Parlement. J'ai rencontré aussi Anne Sylvestre et Jacques Brel, Jean-Louis Barrault et Georges Brassens. Je m'amuse et j'apprends la vie du côté des artistes. Je me nourris de leur sens de la liberté et je ne vois pas quel plaisir j'aurais à boire des paroles de politiciens.

M. Lorenzo Paré m'a demandé de le remplacer durant ses vacances. J'ai assumé la gérance du secteur éditorial. J'ai même écrit un article en page 4, à l'occasion de la fête de Noël, sur les guerres qui enflamment la planète. Mon commentaire, il a fallu que je l'écrive sous la forme d'une nouvelle littéraire. A-t-on idée d'écrire de la littérature en guise d'éditorial? Je me sentais en quelque sorte prisonnier dans cette page du journal. Incapable d'aborder de front ce qu'on appelle les vrais problèmes du monde et d'actualiser mon autorité d'éditorialiste! J'ai fui le sens politique de la vie!

Alors je reste du côté des artistes. Je tâche de comprendre ce que je suis et d'apprivoiser le monde en m'initiant aux œuvres d'art. C'est dans un livre, dans un théâtre ou dans une galerie d'art que je me sens le plus libre. Pas devant le Parlement!

Depuis que mon père m'a raconté l'histoire de l'Église comme une histoire politique, je reste méfiant envers les jeux de pouvoir. Il m'a toujours semblé que les chroniqueurs parlementaires et les éditorialistes, même ceux qui prennent des attitudes de chiens de garde, risquent de se comporter en haut-parleurs des pouvoirs. La plupart finissent par se considérer comme étant de la même classe que les hommes politiques. Ils dialoguent publiquement, et parfois privément, avec les élus, opinant du bonnet, tantôt pour un parti, tantôt pour l'autre, jouant le jeu du «quatrième pouvoir» avec un certain cynisme.

Je crois que les arts sont aussi soumis aux caprices des politiciens. L'idéal social d'un député n'est jamais longtemps sans céder à la tentation de l'électoralisme jusqu'à vouloir contrôler la place de l'artiste dans la société. Car je ne vois pas l'artiste autrement qu'en contestataire exprimant la réalité profonde d'un individu et de sa collectivité, remettant sans cesse tout en question. Par sa réflexion, par son désir de «changer la vie», l'artiste provoque les consciences — ce que refuse tout pouvoir établi.

C'est pourquoi j'ai choisi d'informer la société de la création de ses artistes plutôt que de la séduction de ses hommes politiques. Le journalisme me passionne parce qu'il me garde plus près des hommes et de leurs vrais porte-parole, les artistes et les écrivains.

1969

Depuis quelques semaines, je fréquente le Cercle des journalistes, un nouveau club privé au décor western qui jouxte le café Le Chantauteuil, à l'ombre de la porte Saint-Jean. Sitôt fermée la page des spectacles au journal, je vais rejoindre mes amis de *L'Action*, Uriel Poitras et Claude Marsolais, avec qui j'ai fait l'été dernier le tour du Nouveau-Brunswick. J'y ai découvert la pauvreté des Acadiens en même temps que leur force de résistance.

Ce soir, nous sommes à peu près seuls au bar, tous les trois, joyeux lurons après quelques verres, ironisant sur tout et sur rien, quand apparaissent deux hommes, surgis récemment dans l'actualité. L'un, à la mine aussi sombre que l'habit, a l'air d'une carte de mode et cherche plutôt à s'effacer. L'autre est perdu dans son costume, les bras ballants, l'échine courbée, le cou allongé, le nez aquilin, l'œil oblique: un flamant... drabe.

Le premier, spécialiste des relations publiques, nous serre la main. Je le vois pour la première fois mais il se fait très familier. Il nous introduit au jeune politicien qui l'accompagne et qui cherche à devenir le nouveau chef du Parti libéral du Québec, Robert Bourassa. Ce dernier me donne la main droite, molle, moite et tournée maladroitement sur elle-même pour s'ajuster à la main gauche que je lui présente.

«Comment vas-tu, Jean? Tu es journaliste dans les arts, je crois? Quel spectacle es-tu allé voir, ce soir?»

Quel est cet échassier qui me traite à tu et à toi? Avons-nous la moindre connivence? Je retire ma main de la sienne. Je vois son visage rosir quand il constate sa bévue. Je lui demande:

«Pourquoi me tutoyez-vous?»

Mes deux confrères s'esclaffent d'un rire complice.
Mal à l'aise, Robert Bourassa et son guide ne s'attardent pas et sortent du Cercle des journalistes, sans doute déçus par l'attitude de ces jeunes plumitifs qui refusent de s'inféoder aux prétentions du pouvoir.

Terre des Hommes

«Barbu en dehors, barbu en dedans!» me lance M. Plamondon, le président catholique du journal *L'Action*. Au début de 1967, je suis l'un des trois journalistes de Québec à porter la barbe. Peut-être moins à la mode des ancêtres qu'en signe de rébellion et pour me démarquer des saintes faces de l'époque.

Je commence à étouffer au milieu des préjugés et du provincialisme de la petite société de fonctionnaires consommateurs de Québec, qui ont peur de cautionner l'audace des meilleurs artistes, trop souvent. Sur le plan professionnel, je commence à tourner en rond, faute d'émulation. En fait, j'aimerais sortir de Québec et voir du pays.

Une occasion unique se présente alors à moi: l'Exposition universelle qui se tiendra à Montréal cette année, du 28 avril au 28 octobre. On y annonce la participation de vingt-cinq pays et la tenue d'un Festival mondial de plus de cent cinquante spectacles — opéra, théâtre, musique, ballet, danse, variétés — présentés pour la plupart sur les trois scènes de la Place des Arts. Le thème, humaniste, emprunté à Saint-Exupéry, nous invite à visiter la «Terre des Hommes».

Je pose tout de suite ma candidature pour être le chroniqueur de *L'Action* à l'Expo 1967. Mais essayez donc de sortir Québec de Québec! Le président de

L'Action, qui n'aime pas les barbus et conserve de la vie culturelle une vision d'opérette, refuse d'y déléguer un journaliste à plein temps. Cela coûtera trop cher! Heureusement, mon rédacteur en chef, Laurent Laplante, est un intellectuel et un journaliste de première force, et il contribue à ma formation de façon décisive autant qu'amicale. Laurent Laplante est aussi scandalisé que moi de l'attitude mesquine du président. Il convainc alors le directeur de l'information, Magella Soucy, de m'affecter à Terre des Hommes. Je dois cependant renoncer à tout *per diem* et payer moi-même mon logement à Montréal.

J'accepte ces conditions. L'important pour moi, c'est de découvrir les autres cultures du monde. En fait, je m'accorde personnellement une bourse de perfectionnement. Les cachets de mes petits travaux à la radio de Radio-Canada, qui complètent mon salaire de journaliste, me permettront d'habiter Montréal pendant six mois et de fréquenter le spectacle du monde. Je ferai des reportages sur les pavillons des différents pays, des chroniques de *columnist* et des reportages photographiques sur l'ambiance de l'Expo, son architecture, ses visages, ses activités, et surtout des critiques sur la centaine de spectacles que j'irai voir à la Place des Arts et à l'Expo-Théâtre. Cependant, je devrai faire le trajet Montréal-Québec-Montréal chaque lundi, histoire de me rapporter et de me faire voir dans la salle de rédaction. J'ai beau posséder une fougueuse Mustang, cet aller-retour mine parfois l'énergie de mes vingt-neuf ans! Mais j'aurai au moins la joie de participer activement à l'émancipation de ma culture.

Installée en face de Montréal, à l'île Sainte-Hélène et dans l'île Notre-Dame, qu'on a construite pour l'occasion, l'Exposition universelle de 1967 recevra plus de cinquante millions de visites, douze millions de personnes, dont sept à huit millions d'étrangers. Cet événement exceptionnel met le Québec en dialogue avec le monde. Nous, Québécois, qui nous étions attardés dans le XIXᵉ siècle jusque vers les années cinquante; nous qui nous étions tenus loin du monde, sinon fermés aux autres par esprit de défaite et de peur, voici que nous sommes devenus les hôtes de la Terre des Hommes et notre cœur éclate.

À Terre des Hommes, l'imagination prend la mesure de ses rêves. Art, science, technique, technologie, architecture, urbanisme: tout concourt à nous montrer les rêves de création, d'invention et d'exploration de l'humanité. Une aura universelle de fraternité se dégage de l'Exposition où cultures, traditions et langages divers ont rendez-vous dans une sorte d'apothéose de la grandeur et de la fragilité du rêve humain.

Au-delà des merveilles et de l'exotisme des pavillons nationaux; au-delà de l'impressionnante encyclopédie des pavillons thématiques et des cultures étalées de tant de peuples; au-delà des réalités techniques et artistiques; au-delà des spectacles variés de l'expression humaine; au-delà de l'amusement de kermesse et du vertige des manèges de La Ronde; il y a ce fort sentiment d'hommes et de femmes qui se réunissent une bonne fois pour se raconter et se rencontrer le mieux possible. Histoire de se reconnaître enfin.

L'euphorie gagne tout visiteur de l'Exposition. Non seulement à cause de la beauté architecturale ou naturelle des lieux, mais surtout, je crois, à cause d'une ambiance qui sollicite les connaissances et les expressions de la vie humaine. Cette euphorie qui nous porte vient de ce que la culture est l'expression la plus complète de la liberté d'un peuple. Il arrive donc que la rencontre de tant de cultures à Terre des Hommes nous libère enfin de l'esprit guerrier et nous fait accéder au grand rire ludique universel, qui transparaît dans les musiques qui animent la plupart des pavillons nationaux de Terre des Hommes.

La présence de sculptures monumentales active également cette euphorie du visiteur: au Jardin des sculptures de l'île Sainte-Hélène ou dans les divers pavillons, des œuvres de Calder, puis de Lardera, Armitage, Hepworth, Miró, Picasso, Giacometti balisent le parcours du visiteur et l'invitent à rêver à ciel ouvert. De même, le cinéma occupe une place de choix à Terre des Hommes: *Creatio Mundi*, projection sur 112 blocs mobiles, et *Laterna Magika*, combinant écran et comédiens, au pavillon de la Tchécoslovaquie; l'écran circulaire de 360 degrés du pavillon de la compagnie Bell; le Labyrinthe de l'Office national du film; et de nombreuses autres innovations du septième art me font écrire pas moins de quatre chroniques sur le cinéma à l'Expo 1967.

Je sors un peu plus chaque jour de Québec, de ma naïveté et de mon ignorance, en abordant les cultures du monde, l'histoire des autres peuples, leurs réussites dans l'art et la technique. L'Exposition me fait voyager à travers les mémoires de l'humanité. Cette expérience formidable de l'Expo 1967 est un véritable tour du monde des arts en cent quatre-vingt-cinq jours.

Au pavillon du Mexique, par exemple, l'art triomphe avec l'évocation de la civilisation précolombienne. Les Chambres sacrées de Bonampak et la Colonne toltèque en basalte du dieu Quetzalcóatl impressionnent. Le pavillon de la Tchécoslovaquie, avec les arts de Vestonise et de la Grande Moravie, avec les monuments architecturaux de l'époque gothique, nous conduisent dans la plus vieille Europe. Dans ce pavillon, qui est peut-être le plus beau de l'Expo, l'artisanat des verriers est à l'honneur: vitrail, cristal, verre émaillé, gravé, soufflé, ornent les murs et les vitrines du pavillon où s'inscrit en français, à la sortie, un rêve de paix et de création:

> L'honneur du sol est de porter le fruit.
> L'honneur de l'esprit est de créer l'œuvre.
> L'honneur de l'humanité, c'est d'œuvrer pour que la
>   vie soit meilleure.

Les pays scandinaves, la Grèce, l'Italie, la République fédérale d'Allemagne, puis les pays africains, les petits et grands pays d'Asie, tous nous donnent accès à leur histoire et à leur culture. Cuba, à sa manière plus agressive, s'en prend au géant américain qui l'a toujours écrasée, pour faire valoir sa culture insulaire et caraïbe.

Dans l'île Sainte-Hélène trône le pavillon des États-Unis, abrité dans le dôme géodésique de Fuller. Capsules spatiales de *Mercury* et *Apollo*, collections de poupées, peinture et cinéma, le lit de Debby Reynolds et la guitare d'Elvis Presley illustrent la culture des Romains d'aujourd'hui. Le faste des lieux ne fait pas oublier le vide d'un matérialisme arrogant. De même, dans l'île Notre-Dame, le pavillon de fer et de bois de l'URSS propose des objets qui disent le travail accompli, le travail à tout prix, mais qui ne laissent pas de place pour le rêve. Les grandes puissances n'arrivent pas à se situer à une échelle humaine et leur séduction fait surtout appel à l'esprit de conquérant. Leur gigantisme semble inhabitable.

La France, tout au contraire, a su illustrer son génie et sa culture avec un esprit de synthèse remarquable. Son magnifique pavillon ressemble à un bateau, avec ses lames brise-soleil et ses parois de verre. Il se présente comme une véritable sculpture lyrique habitée par les œuvres de ses artistes, de ses écrivains, de ses savants et de ses techniciens. Le *Polytope* de Xenakis propose en ouverture un irrésistible spectacle son et lumière porté par une immense résille métallique où dansent des rayons lasers. La salle de cinéma présente des films allant des frères Lumière à Truffaut. Un musée formidable de la peinture française, puis une sorte de musée littéraire nous proposant visages, textes et voix de cent cinquante écrivains préparent le visiteur au Jardin des sculptures carnavalesques de Niki de Saint Phalle et de Jean Tinguely.

Le pavillon du Québec, à quelques pas de celui de la France, insiste sur l'apprivoisement de la nature et les grandes réalisations de nos ingénieurs, mais, hélas! garde un silence presque complet sur notre vie littéraire et artistique. C'est là ma grande déception de l'Expo 1967. On met en relief les découvertes et les conquêtes du sol et de l'espace: l'eau, la terre, la forêt, la ville, puis le patrimoine et l'essor économique récent sont les principaux thèmes abordés dans ce pavillon aux miroirs d'une beauté architecturale unique. «Le Québec sera encore présent au dénouement de l'aventure», écrivait l'historien britannique Arnold Toynbee. On a placé cette phrase en exergue de la présentation québécoise. Mais des poètes et des romanciers, des auteurs-compositeurs contemporains, de Félix Leclerc, qui a réinventé la chanson à texte en français, de Gilles Vigneault et de Raymond Lévesque, de Jacques Blanchet et de Pauline Julien, il n'est pas question. Ni du Ringuet de *Trente arpents*, ni de la Gabrielle Roy de *Bonheur d'occasion*, ni du Roger Lemelin des *Plouffe*. Ni de Roland Giguère ou Claude Gauvreau, ni du manifeste *Refus global* de Borduas et des peintres automatistes, ni du manifeste *Prisme d'yeux* des néosurréalistes québécois autour d'Alfred Pellan. Du théâtre de Marcel Dubé et de Françoise Loranger, de la musique de Roger Matton et de Serge Garant, du cinéma de Claude Jutra et de Pierre Perrault, de la poésie d'Anne Hébert, de Gaston Miron et de Jean-Guy Pilon, des romans d'Hubert Aquin, de Jacques Ferron et de Marie-Claire Blais, des essais de Jean Lemoyne et de Pierre Vadeboncœur, de tout ce bouillonnement créateur de la Révolution tranquille, il n'est nullement question. Comme si le Québec n'était qu'une Manic! Comme si notre réalité n'était qu'une structure de béton armé ou qu'une turbine qui tourne à vide!

Je considère cet oubli de notre vie culturelle comme un affront à notre propre identité et un manque de maturité et de confiance en soi du Québec. Comme si on ne se voyait pas dans le monde avec une culture distincte. Nous ne sommes pourtant plus «un peuple sans histoire et sans littérature» tel que nous voyait Lord Durham, le conquérant britannique en 1839. Je retrouverai cependant mon enthousiasme grâce aux spectacles du Festival mondial.

Le lendemain de mon accréditation à la salle de presse de l'Expo, on me donne une centaine de paires de billets pour les spectacles que j'ai choisi de voir. Une centaine de paires de billets comme un passeport pour le ballet, l'opéra, la musique, le théâtre et la danse traditionnelle de vingt-cinq pays et cultures. La voici ma bourse pour la modernité. C'est grâce à ce passeport que je peux sortir des vieux murs frileux de Québec. À la salle Wilfrid-Pelletier, j'ai ma place à la première rangée du balcon, durant tout le Festival. À la salle Maisonneuve et à l'Expo-Théâtre, mon siège assigné se trouve dans le premier tiers de la salle, au centre. Je vais voir les spectacles accompagné d'une amie ou l'autre de Québec ou de Montréal. J'écris consciencieusement une critique pour chacun des concerts ou spectacles, ou je les groupe de façon thématique dans des chroniques souvent enthousiastes. Surtout, je peux comparer les grandes traditions artistiques des différentes cultures de l'Orient comme de l'Occident, de l'Europe et des Amériques. Poussé par les encouragements de Mme Colette Beauchamp, à la salle de presse de la Place des Arts, et de mon rédacteur en chef au journal *L'Action*, j'écris plus d'une centaine de chroniques, reportages photographiques et critiques sur les activités culturelles de l'Expo 1967.

Le gala d'ouverture du Festival mondial est une réussite, avec l'exécution de l'oratorio *Terre des Hommes*, poème magnifique de Michèle Lalonde et musique pénétrante d'André Prévost qui donnent tout leur sens au thème de l'Exposition universelle. La soirée d'ouverture du lendemain réunit des comédiens du Théâtre français de Renaud-Barrault et du Théâtre du Nouveau Monde de Montréal pour une récitation inégale de textes de Saint-Exupéry, où le protocole semble l'emporter sur la fête du texte.

Le Festival mondial va vraiment décoller avec le Ballet du xxe siècle de Maurice Béjart et le célèbre *Sacre du printemps* de Stravinski. Ce spectacle inouï, d'une grande puissance d'invention et d'expression, nous fait voir comment le corps peut s'emparer des sentiments comme de l'espace. Me voici aux origines d'un art véritablement moderne. Ce qui me permet d'apprécier ensuite la qualité de la troupe de Roland Petit, mais de comprendre aussi combien la chorégraphie triomphante de Martha Graham reste convenue et plus spectaculaire qu'inventive. Cette première impression se confirmera d'ailleurs quelques années plus tard quand j'irai voir un autre spectacle des danseurs de Martha Graham au Lincoln Center de New York.

La venue à Montréal des plus grandes compagnies d'opéra du monde me fait voir l'art le plus audacieux de notre temps. Ces représentations comptent parmi les plus enchanteresses de l'Expo. Sur ce plan, il y a ce qu'on attend et ce qu'on découvre. Bien sûr, on ne peut pas laisser passer des œuvres comme *Guerre et paix* ou *Boris Godounov* et même *La légende de la ville invisible de Kitège*, opéra moins connu de Rimski-Korsakov, représentations tout à fait somptueuses de l'Opéra Bolchoï. On ne manque pas non plus d'aller voir les chefs-d'œuvre de Mozart, *Don Giovanni* et *Les noces de Figaro* par l'Opéra de Vienne, ainsi que les sommets italiens que sont *La bohème* et *Il Trovatore* par l'Opéra de Milan, ou même *La fournaise ardente* de Benjamin Britten, un austère opéra de chambre par The English Opera Group. Tout cela est éblouissant et il faut avoir vu ces représentations au moins une fois dans sa vie pour saisir la force d'évocation de l'art de l'opéra.

Cependant, mes grandes découvertes de l'opéra me viennent surtout de Blomdahl, d'Alban Berg et de la cantatrice Birgit Nillsson. Cette dernière triomphe dans *Tristan und Isolde* de Wagner, présenté par l'Opéra-Royal de Stockholm. Intensité, puissance et profondeur de la voix de cette diva vraiment géniale font aussi la réussite de la représentation d'*Elektra* de Strauss par l'Opéra de Vienne. Cette même compagnie présente l'incomparable *Wozzeck* d'Alban Berg. Je n'oublierai pas ce personnage halluciné et aliéné de Büchner. L'impression qui m'est restée de ce spectacle est encore forte en moi, trente ans plus tard, tout comme la représentation de *Mathis le peintre* de Paul Hindemith, d'un lyrisme sombre et sobre, par l'Opéra de Hambourg. Dans ces œuvres, l'intensité musicale correspond à la force dramatique de la représentation.

La palme de la nouveauté revient à l'Opéra-Royal de Stockholm avec *Aniara*, un opéra de Blomdahl, qui est une réflexion sur l'humanité de l'ère spatiale. *Aniara* est le nom d'un vaisseau transportant un groupe de réfugiés de la planète Terre, rendue radioactive par l'homme, qui est nommé ici «Roi des cendres».

Dans un lyrisme dépouillé, incantatoire et dramatique, dans un décor d'une grande beauté plastique, l'œuvre évoque un voyage à travers l'espace, mais aussi le désert d'une vie passée dans le vide, sans spiritualité ni humanisme. Cet opéra illustre la tragédie de l'homme moderne et son arrogance envers la matière. Les voyageurs d'*Aniara* se rendent compte finalement que le seul univers qu'ils puissent gagner se trouve à l'intérieur d'eux-mêmes, dans *le cosmos de l'humain*.

La conscience d'une humanité en sursis, je la rencontre aussi au théâtre, dans une œuvre de Max Frisch, *La muraille de Chine*, présentée par le Centre dramatique romand et le Théâtre de Carouge de Suisse. En effet, dans la conscience de «la mort brûlante du monde» d'après Einstein, voici quelques fantômes en quête d'un retour historique, de Cléopâtre et Ponce Pilate à Roméo et Juliette et Napoléon Bonaparte. Ce théâtre de la parole triomphante envahit les scènes du Festival mondial avec d'autres troupes de France et du Québec. À quelques exceptions près, le théâtre ne fait pas les plus belles soirées de l'Expo. Le Théâtre de France de Renaud-Barrault, qui animera l'Odéon de Paris jusqu'aux événements de Mai 68, se fait bien sage à Montréal avec de pâles représentations du *Soulier de satin* de Claudel et de *Il faut passer par les nuages*, une pièce de Billetdoux. On reconnaît dans les mises en scène de Jean-Louis Barrault une vision exemplaire du théâtre, mais l'interprétation médiocre des comédiens de sa troupe déçoit grandement. Je préfère l'Harpagon de Jean Dasté par la Comédie de Saint-Étienne et même la mise en scène de Jean-Marie Serreau pour *La tragédie du roi Christophe*, un poème dramatique de Césaire joué par Le Toucan de Paris. Quant au Rideau-Vert de Montréal, il propose un épais sirop de lyrisme, *Terre d'aube*, un délire verbal de Jean-Paul Pinsonneault. C'est le Théâtre du Nouveau Monde qui sauve l'honneur du Québec durant le Festival mondial avec *Un simple soldat* de Marcel Dubé, joué par Gilles Pelletier, et qui restera une des interprétations légendaires de ce très grand comédien. Le théâtre de langue française le plus évocateur du Festival mondial est celui de Beckett, quand Madeleine Renaud joue au Rideau-Vert *Oh! les beaux jours*, avec une présence inoubliable. Voici la même Madeleine Renaud que Léon-Paul Fargue a connue dans sa jeune gloire, au Café de l'Univers, place du Théâtre-Français, à Paris, et que moi, trente-cinq ou quarante ans plus tard, je vois jouer, comédienne immortelle, sur une scène de Montréal. Son jeu tient du génie, avec une vérité et une sensibilité qui font de la mort un raccourci de la vie entre espoir et néant, avant que ne «sonne le sommeil». *Oh! les beaux jours* reste après tout, malgré tout, un hymne à la grâce, quand Winnie parle de cette «abondance de bontés» que lui aura données la vie.

Le théâtre venu d'Angleterre ne déçoit pas, avec *Othello* par le National Theater of Great Britain dirigé par Laurence Olivier. D'autres pièces de Shakespeare sont représentées par l'excellent Bristol Old Vic. Si le *Hamlet* est plutôt terne et sans souffle, *Measure for Measure*, une pièce sur l'amour et la concupiscence, est une réussite grandiose de précision et de lyrisme.

Mes coups de cœur du Festival mondial, je les dois toutefois à deux autres théâtres, venus de Grèce et d'Italie, qui se situent aux origines de la tradition occidentale et qui nous enseignent encore la force des commencements. Je suis tellement emballé par la venue du Théâtre national de Grèce que j'écris deux ou trois chroniques sur le théâtre antique et les œuvres d'Eschyle, Sophocle et Aristophane qui seront présentées à l'Expo-Théâtre. Je fais du journalisme pédagogique dans l'intention de préparer le mieux possible mes lecteurs à ce théâtre de nos origines culturelles. Quant aux diverses représentations, elles révèlent principalement Katina Paxinou, qui joue Clytemnestre dans l'*Agamemnon* d'Eschyle, et nous font voir la force d'évocation des choreutes dans la tragédie grecque.

Le spectacle le plus éblouissant et sublime du Festival, il nous est donné par le Teatro Stabile de Gênes, avec la représentation de *Due Gemelli Veneziani* de Goldoni. Virtuosité, rythme, fraîcheur de la *commedia dell'arte* envoûtent le spectateur d'une comédie qui devient irrésistible par le jeu éblouissant des acteurs. Même si on ne connaît pas la langue italienne, on comprend tout de ce qui est dit et joué sur la scène. On rit, on adhère aux situations, parce que le théâtre, ici, forge son langage universel à même la comédie, qui atteint même parfois une gravité tragique, au-delà du rire. Et quand, vingt-cinq ans après l'Expo de Montréal, je marcherai dans Venise, me reviendra alors en mémoire cette impression de la proximité du comique et du tragique qui anime les jumeaux de Goldoni.

L'exotisme oriental donne aussi son relief au Festival mondial de l'Expo. Les Danseurs Kathakali de l'Inde et surtout le Théâtre Kabuki du Japon nous proposent du jamais vu en Occident. Opéra, théâtre et ballet classique de l'Inde composent le kathakali, d'origine religieuse et militaire. Cet art, qui se dessine par des gestes et des mudras, exige de l'artiste, après douze ans d'entraînement, une parfaite maîtrise des muscles des pieds, du faciès et des yeux. L'interprète doit illustrer la trame des sentiments par ses seuls mouvements soutenus par la musique. Ce spectacle étonnant finit par devenir presque insupportable pour le spectateur occidental, qui ignore forcément le code de ce théâtre.

Le kabuki est autrement fascinant et spectaculaire. Cet art d'origine populaire réussit l'intégration raffinée de la musique, de la danse et du mime. Il se fonde sur des éléments du nô et plus de la moitié de son répertoire est adapté de celui du théâtre de marionnettes qu'il voulait supplanter. Inventé par des marchands roturiers du XVIᵉ siècle et critallisé par une femme, O-Kuni, il fut d'abord joué par des femmes, avant d'être interprété exclusivement par des hommes. Le kabuki comprend un répertoire d'environ trois cents pièces, soit des drames dansés, des drames historiques et des drames de famille. L'action stéréotypée, le coloris et la musique, de même que l'emploi d'un vocabulaire presque abstrait, placent cet art plus près de la danse que du jeu. Il faut aussi noter que la *mawaributai,* ou scène tournante, a été inventée par les acteurs du kabuki, avant d'être introduite dans le théâtre occidental. Ce qui montre bien que les cultures sont interpénétrables et finissent par faire le tour de la planète.

L'exotisme du Festival mondial, il est aussi apporté par les danseurs de l'Afrique, de la Jamaïque et du Maroc, par les artistes de Prague, de Zagreb et de tous les ailleurs.

La musique de répertoire prend également sa place à l'Expo. Ernest Ansermet, quatre-vingt-quatre ans, dirige l'interprétation, inoubliable et d'une grande clarté, par l'Orchestre de la Suisse romande de *La mer* et d'*Iberia* de Debussy. Carl Bohm dirige la Philharmonique de Vienne. Surtout, Yehudi Menuhin dirige l'Orchestre du Festival de Bath et Alexander Brott est au pupitre de l'Orchestre de chambre de McGill. Ces deux derniers concerts constituent des moments privilégiés, tout comme celui qui réunit Eugène Istonim, Isaac Stern et Leonard Rose pour l'interprétation de trios de Ravel, Beethoven et Schubert.

Je reste longtemps envoûté aussi par une soirée de musique électronique d'Anton Riedl, qui associe ses propres compositions et celles de John Cage et Stockhausen à des films expérimentaux. Une plongée dans la musique contemporaine, porteuse des angoisses de notre temps, qui sera une expérience esthétique bouleversante, à la source de ma vision renouvelée de l'univers. Peu à peu, j'ai perdu ce sentiment de nostalgie, qui me définissait comme Québécois, et j'entre dans le présent poétique du monde.

Pour se divertir, il y a les variétés à l'Expo-Théâtre. Des artistes populaires de Tchécoslovaquie et de Yougoslavie, les danses et rythmes d'Afrique, le jazz inspiré de Duke Ellington et de Sarah Vaughan, les chansons «Rive gauche» de notre grande interprète Pauline Julien, qui est au sommet de son art, puis la présence de la légendaire Marlene Dietrich, l'Ange félin. C'est en toute connaissance de son métier et avec toute la conviction de son personnage que Marlene Dietrich prend possession de son public. Elle est sur scène comme une déesse sortie de la mer de Chine et, sans âge, légendaire, chante l'amour inépuisable et troublant avec une voix d'alcôve. Le mythe l'emporte. Marlene Dietrich joue à merveille son rôle de monstre sacré. Elle est cette somptueuse affiche du paradis perdu.

On ne saurait dire jusqu'à quel point ce Festival mondial des spectacles du monde a été un des moments forts de ce qu'on a appelé la Révolution tranquille, au Québec, et a alimenté notre culture et notre goût de création. C'est à la suite de l'Exposition universelle que la danse et le théâtre du Québec, avec La La La Human Steps et Robert Lepage, entre autres, ont pris un essor international. C'est après 1967 qu'est fondé le Cirque du Soleil et que prennent naissance à Québec, Lanaudière, Trois-Rivières et Montréal de grands festivals de chanson, de musique classique, de poésie, de théâtre et de jazz. Le Québec aura appris à organiser chez lui de formidables rendez-vous culturels. Désormais, tous ceux qui tentent d'assimiler la culture à leur vision politique d'un Québec qui serait replié sur lui-même auront complètement tort. Car c'est par sa culture, et par sa langue française, bien sûr, que le Québec forme une société distincte au Canada et en Amérique. Et cette culture québécoise, on ne pourra jamais plus prétendre qu'elle s'est isolée et s'est fermée au monde. Au contraire, elle s'est affirmée avec force dans ses œuvres parce qu'elle a su accueillir les autres cultures de la Terre des Hommes. Plus loin que les œuvres nostalgiques et fixées à jamais de son folklore, la culture québécoise moderne s'est mise à réinventer les formes et à se brancher sur les grandes thématiques de cette fin de siècle. Notre culture a finalement développé, dans tous les domaines de l'art et de la technique, son génie particulier et une version québécoise de vivre l'humanité. Il n'y a qu'à regarder de près les œuvres qui ont composé notre littérature ainsi que les arts visuels et virtuels en trois décennies.

Par exemple, c'est au Musée d'art contemporain de Montréal, en 1994, que Michel Lemieux et Victor Pilon ont inventé cet extraordinaire spectacle d'un théâtre holographique, *Grand Hôtel des Étrangers*, d'après un poème de Claude Beausoleil, où les fantasmes des personnages complètent l'action et apparaissent sur la scène en transparence et en trois dimensions, dépassant, et de loin, le spectacle *Laterna Magika* de l'Exposition universelle de 1967, et préfigurant l'art virtuel du prochain siècle.

La passion du *Devoir*

Quand Michel Roy me téléphone à l'île d'Orléans, à l'automne 1977, pour m'inviter à prendre la direction des pages culturelles du *Devoir*, il m'informe que je suis le candidat désigné par le milieu littéraire montréalais. Ainsi ma réputation de journaliste et critique littéraire au *Soleil* de Québec m'a valu de devenir pensionnaire au *Devoir*.

Rue du Saint-Sacrement, Michel Roy me reçoit chaleureusement. Il me rappelle que son prédécesseur, André Laurendeau, a institué une tradition au *Devoir*, en vertu de laquelle le rédacteur en chef est en quelque sorte le protecteur de la section des arts et lettres au sein de ce journal. Par ailleurs, le poste que l'on m'offre est nouveau. Il est le résultat de la dernière convention collective. Mes prédécesseurs à la direction des pages culturelles, Robert Guy Scully, Jean Basile, André Major et les autres, étaient tous des pigistes. Pour la première fois, *Le Devoir* intègre à la salle de rédaction les pages culturelles et littéraires. Dorénavant, la culture fait partie officiellement de la mission du journal.

Depuis que je suis journaliste, je rêve d'entrer au *Devoir*. Non seulement parce que ce journal est réputé pour ses troupes d'élite, mais aussi parce que *Le Devoir* représente pour moi une véritable école de la culture québécoise. Durant les années cinquante et soixante, au collège et à l'université, on nous parle peu de notre littérature. Seul *Le Devoir* s'attache à nos écrivains les plus connus. Des entrevues plutôt rares, beaucoup de critiques d'autorité, mais peu de reportages sur la vie littéraire: c'est le lot des médias de l'époque. Toutefois, quand je lis *Le Devoir*, j'y reconnais une appartenance à ma culture. On m'explique des choses qui me concernent. Gilles Marcotte, Naïm Kattan et Jean Éthier-Blais ont contribué à ma formation par leurs articles. De sorte qu'en quittant l'enseignement universitaire pour le journalisme, en 1963, je rêvais déjà d'entrer au *Devoir* et de faire du journalisme une sorte d'université populaire. Cela m'apparaissait impossible à accomplir dans des médias à grand tirage comme *La Presse* ou *Le Soleil*, plus soumis à la commercialisation et à l'esprit de consommation.

Tandis qu'au *Devoir*, dont l'indépendance est proverbiale, avec la rigueur éditoriale qu'on y pratique, une certaine pédagogie de l'information peut faire partie de la mission culturelle du journal.

«Bienvenue au *Devoir* et bonne chance!» me lance Michel Roy à la mi-janvier 1978. J'occuperai le bureau sis à l'étage de la salle de rédaction. Comme Scully et Basile, je devrai faire bande à part. Mais j'insiste pour que l'on me réserve un pupitre dans la salle, où j'irai travailler l'après-midi afin de m'intégrer à l'ensemble de mes collègues. Deux jeunes femmes journalistes, dont Nathalie Petrowski, en poste au *Devoir* depuis un an, sont affectées au secteur culturel que je dirige.

Faire partie de la sacro-sainte rédaction du *Devoir*, cela se gagne. Je l'apprendrai à mes dépens. Cet inconnu qui, de surcroît, arrive de Québec, ville provinciale par excellence, doit faire ses preuves. Ici, l'amitié ne compte pas. C'est chacun pour soi. On ne fait pas de quartier. Il faut savoir s'imposer. Moi, je suis assez naïf pour encaisser comptant chaque sourire. Il me faudra beaucoup de patience pour apprendre à tirer les ficelles.

Après un an et quelques gaffes, je commencerai à saisir comment le journalisme se fait quotidiennement au *Devoir*. Savoir vivre au sein d'une institution, c'est en soi un métier qu'il faut apprivoiser tout seul. Coordonner une équipe de vingt-cinq collaborateurs qui viennent compléter le travail jaloux de deux journalistes de la salle, cela demande du tact, un brin de diplomatie et du leadership, en plus des compétences strictement professionnelles. Je suis jeune capitaine d'un bateau qui traverse quelques tempêtes. J'apprends à naviguer entre les prérogatives et les frustrations de mes troupes. Je pourrai tenir la barre grâce à l'appui constant de mon rédacteur en chef, pour qui l'information culturelle fait partie de la mission fondamentale du journal. Surtout, ce poste me permet de rencontrer des êtres exceptionnels, tant dans la salle de rédaction que dans les divers secteurs de la vie culturelle.

La salle de rédaction du *Devoir*, au 211 de la rue du Saint-Sacrement, s'étend sur un plancher qui a la dimension d'un appartement bourgeois: assez grand pour toute la famille, avec ses coins d'intimité et ses recoins pour les secrets bien gardés. Derrière les piles de dossiers, on peut imaginer le fourbi d'un château fort où chacun cache ses armes. Ici, on ne cultive pas tant le fait divers que le fait d'intérêt particulier. À chacun et chacune son domaine: politique, économie, culture, affaires sociales ou autres.

On entre dans la salle sur la pointe des pieds. Prière de ne pas déranger les collègues. L'esprit des lieux, c'est le travail. On se dirige directement vers son bureau. Là, on peut saluer les camarades de son secteur. À partir de ce point, on peut naviguer vers le pupitre ou les autres sections. On ne se promène pas longtemps d'un îlot à l'autre, à moins d'avoir des choses importantes à communiquer.

Cette discipline semble naturelle à tout le monde. Non par quelque austérité commandée mais à cause de l'ambiance laborieuse qui régit la journée des journalistes. Ce qui n'empêchera pas des éclats, des rires, des apostrophes délirantes par moments, quand le bouchon saute pour laisser s'échapper la vapeur des humeurs.

La salle commence à s'emplir vers dix heures. À midi tout le monde y est, sauf les journalistes en reportage. Chacun creuse sa journée. À coups de téléphone, de téléscripteur ou de frappe sur son clavier. La rumeur n'est plus ce qu'elle était depuis que la Underwood a laissé sa place au traitement de texte. Le rythme qui anime une salle de rédaction a bien changé. Le cliquetis de la machine à écrire, autrefois, nous transmettait la passion d'écrire de chaque journaliste. À l'entendre, on pouvait savoir si l'article s'ouvrait ou se fermait, s'il entrait dans la force de l'argument ou si un paragraphe venait de se terminer. Aujourd'hui, la monotonie du clavier de l'ordinateur laisse toute la place aux voix. Certains journalistes semblent écrire tout haut, à défaut d'entendre résonner leurs frappes sur le clavier. D'autres voix parviennent des téléphones ou de conciliabules improvisés. Mais l'ensemble de la rumeur qui règne dans la salle a tendance à rouler sur elle-même, feutrée, plus secrète. L'esprit de famille est divisé par des cloisons de silences et de regards qui se cachent.

À la section culturelle, nous avons peu de journalistes et de moyens mais beaucoup de cœur à l'ouvrage, comme tous les artisans de ce journal, d'ailleurs. Chacun sait que travailler au *Devoir* est une vocation, une marque de foi en l'information, un dévouement pour la vérité et la justice sociale. Accepter les conditions difficiles de travail au *Devoir*, c'est faire preuve d'appartenance au projet d'une société meilleure parce que éclairée, informée, confrontée à ses possibles.

Je suis un pur produit de la Révolution tranquille des années soixante. Je suis sensible à une approche humaniste et pédagogique des choses. Professionnellement, j'ai toujours privilégié l'information avant la critique. Prenant la direction des pages culturelles du *Devoir* à cette période référendaire et décisive pour le Québec, je veux compléter le portrait de notre culture et coïncider ainsi avec mon époque. Je mettrai de l'avant dans le cahier «Culture et Société» les valeurs féminines et féministes qui renouvellent notre littérature, les pensées des artistes de toutes disciplines dans les arts de création et de consommation, qu'elles soient à l'avant-garde ou dans le courant des idées de notre temps.

Il me faut investir un cahier «Culture et Société» que Michel Roy a fait presque seul et porté à bout de bras depuis le départ de Scully, il y a deux ans. J'engage de nouveaux collaborateurs. Jacques Larue-Langlois pour la critique de théâtre et Robert Lévesque pour les interviews (plus tard, il deviendra journaliste permanent). Francine Laurendeau, fille de l'ancien rédacteur en chef, prendra charge de la critique de cinéma en compagnie du chroniqueur Richard Gay. Je fais venir René Viau, qui passera de second critique d'art à *La Presse* au poste de premier reporter du *Devoir* pour les arts visuels, un secteur que je m'empresse de développer et qui prend vite un essor rentable sur les plans intellectuel et financier, à la grande satisfaction de Jacqueline Avril au service de la publicité.

Du côté des pages littéraires, j'ai plaisir à recevoir les textes de Gilles Marcotte, Robert Melançon, Naïm

Kattan, Heinz Weinmann, Christian Allègre et Jean Basile. Bientôt, je ferai venir Noël Audet, Joseph Bonenfant, Claude Beausoleil, puis Monique Roy, Madeleine Ouellette-Michalska, Andrée Ferretti et Lise Gauvin. Une équipe diversifiée, qui loge aux différents pôles de la vie culturelle, pourra donner une information complète sur ce qui se passe et nous proposer des critiques selon des esthétiques variées, pour un large éventail de points de vue.

Un beau matin, un monsieur qui semble sorti tout droit du XIXᵉ siècle arrive dans mon bureau. De sa diction précise et sur un ton chaleureux, il se présente sans détour: «Je suis un nationaliste de droite, mais j'aime notre littérature.» C'est Jean Éthier-Blais qui se tient devant moi. Le professeur de lettres de McGill veut faire un retour au *Devoir*. Je me souviens qu'il avait critiqué sévèrement plusieurs de nos écrivains dans les années soixante.

«C'est par amour et par respect de notre culture, me répond-il. Je voulais traiter nos écrivains sur le même pied que les étrangers. C'est une façon d'être exigeant.» Les qualités intellectuelles de ce grand styliste, écrivain admirable, apporteront beaucoup de tenue aux pages du *Devoir*. Sa vaste culture et sa connaissance de notre passé littéraire donneront du panache au cahier et surtout un relief aux œuvres du présent. J'invite Éthier-Blais à écrire chaque semaine et en toute liberté trois feuillets de «Carnets». Sa présence, au fil des ans, rehaussera la qualité littéraire du cahier «Culture et Société» et forcera les autres critiques à tenir compte de l'histoire et du passé pour juger le présent. Entre les pôles que sont l'humanisme de Jean Éthier-Blais et le modernisme défendu par un Claude Beausoleil, l'éventail sera large et *Le Devoir* pourra toucher à tous les aspects de la vie littéraire.

La réorganisation d'un cahier culturel ne se fait pas en un jour. Chaque décision apporte un changement de cap qui doit s'intégrer à l'ensemble. Mon but est de faire un cahier qui rejoigne, par l'interview et le reportage autant que par la critique, le plus large public possible. Je ne fais pas *Le Devoir* seulement pour des élites éclairées mais aussi pour des lecteurs plus jeunes qui ont tout à apprendre. Ma priorité sera de faire circuler les idées. Pour réussir à intéresser le public à la vie culturelle et littéraire, tâchons d'en faire connaître les acteurs autant que les débats en cours dans notre société. Je vise chaque semaine à intégrer les événements divers de l'actualité sous une thématique, avouée ou sous-entendue, quand c'est possible, comme dans un numéro de revue. Ainsi le cahier du samedi renferme ses fils conducteurs reliant les diverses œuvres commentées et présentées à nos lecteurs.

J'agis comme un directeur de revue, avec une équipe motivée. Je reçois à mon bureau chaque collaborateur qui, m'apportant son texte, doit aussi me raconter ce qui se passe dans son secteur. Nous décidons alors ensemble de la couverture des événements par l'interview, le reportage ou la critique. La réussite du cahier hebdomadaire sera celle d'un bon dosage des sujets et des traitements. Ainsi, pour le monde du spectacle et du cinéma, l'approche impressionniste et contestataire de Nathalie Petrowski sera équilibrée par le regard plus intellectuel ou érudit de Robert Lévesque et la vision plus marginale et sensible de Francine Laurendeau. En ce qui concerne la vie littéraire, j'installe à la une du cahier un entretien hebdomadaire avec un écrivain, ce qui renoue avec une habitude que *Le Devoir* avait un peu oubliée depuis quelques années.

Pour moi, le cahier hebdomadaire du *Devoir* doit rendre compte de la culture de la société à laquelle il s'adresse. Jusqu'à ce jour, on a surtout parlé des vedettes du théâtre et du cinéma, il est vrai, mais en littérature on s'attarde principalement aux œuvres des écrivains étrangers. Ils ont eu droit jusqu'à ce jour au

meilleur traitement, comparativement au peu d'attention qu'on a porté aux nôtres. Les éditeurs québécois
me le rappellent dès mon arrivée en poste. Je les rencontre à l'occasion de leur congrès, un beau dimanche
matin. J'écoute leurs plaintes. Ils ont raison en partie. Je
leur reproche, cependant, de ne pas toujours travailler
en professionnels quand il s'agit de la promotion et du
marketing. Ils se fient aux subventions et aux «devoirs»
des médias, ils s'appuient sur leurs privilèges au lieu de
donner aux journalistes les moyens de mieux travailler.
Au contraire des distributeurs de livres étrangers, les
éditeurs québécois ne réunissent même pas de dossiers
complets sur leurs auteurs.

D'un autre côté, à ma grande surprise, en arrivant
au *Devoir*, je me rends compte de l'absence d'archives
photographiques sur la vie culturelle et littéraire dans
les tiroirs du Centre de documentation du journal. Je
déplore aussi l'absence des articles du cahier «Culture
et Société» parmi les dossiers conservés, comme si *Le
Devoir* était un journal exclusivement politique. On
garde en filière quelques photos de vedettes et c'est
tout. Grâce à la collaboration de Gilles Paré, le directeur du Centre de documentation, je peux organiser un
rayon de ce qu'on appelle «la morgue» (lieu de conservation des photographies) ainsi qu'un nouveau secteur
pour la mémoire des événements culturels. Il me semble qu'une nouvelle époque commence au *Devoir* et
qu'il y a beaucoup à faire.

En tout cas, il faut rattraper le temps perdu.
Réaménager le contenu matériel du cahier est aussi
important pour établir un nouveau traitement de l'information. C'est là que je rencontre le plus de résistance. Je comprends aussitôt que je dérange des habitudes et des intérêts, surtout du côté des diffuseurs
de livres étrangers. Car j'entreprends de déplacer les
chroniques à l'intérieur du cahier et de rendre plus visi-
bles et plus nombreux les commentaires sur notre

littérature. La critique du livre québécois de la semaine est placée en page 3. La critique du livre étranger recule en page 5. En page 2, j'inaugure une chronique de la vie littéraire d'ici ainsi qu'une chronique de la revue des revues. En page 4, les commentaires concernant les essais et les reportages sur nos institutions éditoriales complètent l'information. Par contre, la une du cahier accueillera autant d'écrivains québécois que d'écrivains étrangers. La réaction de certains distributeurs exclusifs français est immédiate et violente. On fait courir la rumeur de mon incompétence et de ma xénophobie! On me reproche de ne pas faire un cahier qui ressemble à celui du «*Monde* des livres» de Paris! Les diffuseurs essaient de contrôler à ma place les envois de livres aux collaborateurs. On menace de ne plus confier de publicité au *Devoir*. On proteste dans mon dos auprès du rédacteur en chef pendant qu'on essaie le coup du charme vis-à-vis de ma personne. Je refuse toutes les invitations à déjeuner! Michel Roy me soutient sans équivoque. Il pare les coups les plus durs, me suggère quelques astuces et compromis. Mais jamais la compromission. Nous installons les écrivains québécois chez eux. Peu à peu, tout le monde se fait à l'idée qu'il existe des écrivains québécois vivants, dont les œuvres peuvent être de qualité, et qui savent eux aussi parler de littérature. Leurs livres côtoient ceux des écrivains français soutenus par une France qui reconnaît leur présence et par une forte machine de marketing que constituent *Le Nouvel Observateur, L'Express, Le Point, Le Magazine littéraire* et bientôt l'émission *Apostrophes* de Bernard Pivot.

Par ailleurs, de quels médias bénéficie le travail des écrivains québécois, à part *Le Devoir*? De *La Presse*, où Réginald Martel tient la chronique avec une fidèle continuité. De *Lettres québécoises*, un magazine spécialisé maintenu en vie courageusement par Adrien Thério. De quelques émissions à la radio FM de Radio-

Canada, grâce au directeur du Service des émissions culturelles, Jean-Guy Pilon, qui met la radio au service des écrivains et qui a réuni une équipe où l'on trouve Gilles Archambault, André Major et Wilfrid Lemoine, entre autres. De la télévision de Radio-Canada, sporadiquement, avec des émissions culturelles qui auront la vie courte: *Le trèfle à quatre feuilles* et surtout *La grande visite*, animée de façon magnifique, intelligente et sensible par Daniel Pinard. Mais de pleines pages dans les journaux et les magazines populaires, les écrivains québécois n'en ont pas. C'est à peine si certains libraires leur font une place sur les tables des nouveautés et dans leurs vitrines. Nous sommes en 1978. Il faut encore changer les mentalités à l'égard de la qualité de notre littérature. C'est au *Devoir* que cela commencera.

Oh, bien sûr! je me rends bien compte, certaines semaines, que je ne sais pas toujours doser mes choix. Publier en première page du cahier deux articles sur des poètes québécois, une entrevue avec François Charron et une critique commentant un livre de Nicole Brossard, par exemple, c'est peut-être y mettre trop d'ardeur et surestimer la présence de la nouvelle avant-garde par rapport aux goûts diversifiés de l'ensemble de nos lecteurs. Je dois réparer mes erreurs. Mais jamais je ne veux couper le public du *Devoir* de l'ensemble de la production littéraire de langue française. Ainsi la moitié de mes interviews à la une présenteront des écrivains étrangers. Ce que n'acceptent pas les éditeurs québécois. Je ne serai jamais d'accord avec eux pour leur donner une exclusivité qui s'avérerait, il me semble, quelque peu stérile. Toujours je refuserai la tentation du repli sur soi et de la «nationalisation» de notre culture. Le Québec, s'il veut faire partie du monde, doit savoir se confronter aux autres littératures. S'affirmer chez soi ne doit pas devenir un prétexte à ne plus recevoir personne et à nous contenter de parler entre nous.

La Rencontre québécoise internationale des écrivains, animée par Jean-Guy Pilon et l'équipe de la revue *Liberté* depuis 1972, sera pour moi l'occasion d'ouvrir les pages du *Devoir* à nombre d'écrivains étrangers de grande classe, en dehors des jeux du marketing et de l'actualité commerciale. Je peux interviewer Julio Cortázar et Milan Kundera, Andrée Chédid et Edmond Jabès, Tahar Ben Jelloun, Hector Bianciotti, Marie Susini et d'autres avant qu'ils ne deviennent des vedettes de la littérature. Les thèmes des Rencontres donnent lieu aussi à des reportages qui offrent une réflexion littéraire inédite aux lecteurs du *Devoir*. Je me permets même, en 1982, de prendre le relais de la revue *Liberté* et de publier dans *Le Devoir* un cahier spécial qui réunit les communications de la dixième Rencontre ayant pour thème «Écrire en l'an 2000».

Car j'ai renoué avec la grande tradition des cahiers thématiques du *Devoir*, à l'occasion des salons du livre de Montréal et de Québec. Je veux que désormais les écrivains prennent la parole dans *Le Devoir* au moins une ou deux fois par année.

Mon premier cahier est assez audacieux pour que mon chef de pupitre, Jean Francœur, le retienne en otage quelques heures afin de le soumettre au rédacteur en chef. Sous le thème «Pour l'imaginaire», le cahier se présente comme un manifeste en faveur de la littérature. Certains textes sont des poèmes, difficiles à placer sur deux ou trois colonnes dans une page de journal. Trente écrivains ont été invités à participer à l'événement qui veut souligner le deuxième Salon du livre de Montréal. Michel Roy, qui connaît bien l'histoire du *Devoir*, me remet l'ensemble en en soulignant l'audace. Dans sa mise en pages, Jean Francœur fera du beau travail, malgré sa réticence première. Le 24 novembre 1979 paraît «Pour l'imaginaire», un cahier spécial orné à la une de la reproduction d'une magnifique gravure de Roland

Giguère sur huit colonnes et d'une page extraite de *Murmures en novembre*, des poèmes de Jacques Brault illustrés par Janine Leroux-Guillaume. Des images d'artistes accompagnent chacun des textes d'écrivains. Mon éditorial justifie l'entreprise: «Pourquoi ce cahier? Pour l'imaginaire, justement. Pour affirmer une littérature québécoise. Pour la laisser déborder d'elle-même dans ces pages. [...] Cette année, en plein flou littéraire, où les romanciers plus âgés publient moins, où les plus jeunes cherchent leur place en littérature, le thème de l'imaginaire s'imposait de lui-même.»

Le philosophe français Mikel Dufrenne, qui fait ici de fréquents séjours, a accepté d'introduire le thème du cahier. «Sachons écouter ceux qui sont encore capables d'imaginaire, écrit le directeur de la revue *Esthétique*: c'est à ce prix que s'ouvre pour nous un avenir, et que peut-être luit une promesse de bonheur.»

Puis les signatures d'une trentaine d'écrivains se suivent durant vingt pages. Romanciers, essayistes, poètes écrivent sur le sens de leur projet littéraire. Yves Beauchemin, Nicole Brossard, Lucien Francœur, Pierre Filion, France Vézina, Louis-Philippe Hébert, Jovette Marchessault, Philippe Haeck, Claude Haeffely, Françoise Bujold, Paul Chamberland et bien d'autres s'adressent aux cent mille lecteurs du *Devoir*.

Je suis encore ému aujourd'hui par le témoignage d'une jeune poète, Marie Uguay, qui a la qualité d'une synthèse remarquable face au thème suggéré. «Lorsque nous cesserons d'opposer le rêve à la réalité, le conscient à l'inconscient, écrit-elle, l'imaginaire aura droit alors à sa véritable définition. Le très-ailleurs est souvent tellement près, à fleur de peau et d'intelligence. Le réel multiplie ses signes. Nul ne saisit la vérité ou l'absolu du réel. Peut-être faut-il inventer le sens pour le trouver?» La poésie est de ce monde, nous rappelle la jeune poète de vingt ans, qui a assimilé mieux que quiconque la nécessité de la littérature.

Je ferai par la suite d'autres cahiers thématiques, proposant un bilan de la littérature des années soixante-dix et des années quatre-vingt. Ces dossiers auront une certaine popularité dans le milieu de l'enseignement. Les professeurs s'en serviront comme documents didactiques. À ma grande joie, *Le Devoir* aura enfin joué son rôle pédagogique!

Il est certes de mise de contenir les pages culturelles dans le vif du sujet. En avril 1980, à l'occasion du neuvième Salon du livre de Québec, un mois avant le référendum du gouvernement du Parti Québécois, je pose la question politique à quelques écrivains qui ont déjà investi le débat en intellectuels ou en hommes et en femmes d'action. «Quel est votre rapport d'écrivain avec le politique, ici et maintenant?» Jacques Godbout s'empresse de dissocier les deux activités. Gérald Godin, poète et député, défend au contraire «les mots citoyens». Nicole Brossard rappelle «le rôle important que les femmes ont toujours joué dans la vie politique des peuples et des collectivités». Madeleine Ferron rêve de saluer «le drapeau de notre autonomie» tout en avouant sa hâte «de retourner en courant poursuivre [s]on aventure personnelle».

Puis, il y a la réponse de Jacques Ferron, intitulée «L'alias du non et du néant». Ce texte restera le véritable testament littéraire de ce grand écrivain. Il y dessine son parcours de romancier et de Québécois, dans son rapport au langage comme à la société qui l'a inspiré. Avec le sentiment de l'échec, avec l'espoir de survivre en littérature aussi longtemps que son pays incertain.

> Je ne suis pas tellement fier de mes livres, je ne l'ai jamais été. Je n'ai jamais pensé au monde entier en les faisant. Il m'aurait semblé incongru d'envoyer un manuscrit en France. Mes livres, je les ai faits pour un pays comme moi, un pays inachevé qui aurait bien voulu devenir souverain, comme moi un écrivain accompli, et dont l'incertitude est même devenue mon

principal sujet, ce qui m'a forcé à mêler au beau livre dont je rêvais de la rhétorique, un discours politique plus ou moins camouflé. [...] En dépit de tout cela, je tiendrais, je tiens à garder la responsabilité de mes œuvres et de ma vie, et d'en répondre après ma mort si l'on daigne alors me faire l'honneur d'un procès. [...]

Mes rapports avec la politique sont devenus plus discrets. Aussi longtemps que l'imaginaire occupait toute la place, parce que nous n'avions pas d'homme d'État dans le gouvernement, mais des politiciens craintifs qui frôlaient les murs, ces rapports avaient plus d'importance, trop même, à mon gré, dans mes livres. Je ne les ai pas faits avec la sérénité que j'aurais eue dans un pays ordinaire dont la pérennité m'aurait permis plus de patience, un meilleur métier. Y avait-il urgence? Je l'ai cru. En passant de la Gaspésie, province de langue verte, à Montréal, ville frontière comme l'avait dit Lowell, où deux langues se salissent, où le français se décompose pour mieux être digéré par l'anglais, consterné, je me suis dit: «À quoi bon écrire pour un peuple qui risque de me fausser compagnie?» Et plus encore que la perte du lecteur, j'appréhendais le tarissement de la langue verte, indispensable à l'écrivain. J'avais un sacré respect pour la littérature et rien ne me console autant de ma prose utilitaire, de mon œuvre mineure, que la prose somptueuse d'un Lévy Beaulieu et le beau livre imperturbable, que j'aurais aimé faire, que mes cadets écriront.

Ainsi la prose exemplaire de cet écrivain immense nous console d'avance d'un référendum où le Québec retardera sa naissance à lui-même. Ainsi l'histoire littéraire peut s'écrire dans un journal comme *Le Devoir*. J'ai pleuré en lisant le manuscrit de ce texte de Jacques Ferron. Oh! pas de larmes de défaite. Mais une mélancolie profonde m'a saisi. Je suis un journaliste né avec la Révolution tranquille et nous voici au terme d'un parcours qui fut passionnant, vécu avec ferveur même. Où le mot «avenir» prenait tout son sens et son espoir.

Le 17 mai 1980, je place à la une du cahier «Culture et Société», une entrevue de René Viau avec le peintre et poète Roland Giguère, témoin de «l'âge de la parole», un manifeste de l'écrivain canadien-anglais Malcolm Reid en faveur d'un Québec indépendant, «gagnant» et prêt à ouvrir ses portes aux autres. Puis, au rez-de-chaussée de la page, je signe un éditorial intitulé «Le OUI des écrivains». J'y affirme que la souveraineté est ni plus ni moins que l'expression politique d'une culture:

> Les poètes ont nommé le pays. Ils ont conquis le terrain de son langage. Les romanciers ont aussi exploré le territoire de notre imaginaire. Les essayistes ont défini les fondements de nos libertés. Et le projet collectif québécois, rapaillé en une littérature nationale, a pu être pris en charge par son peuple et par des hommes politiques. Notre avenir enfin engagé. Car le 15 novembre 1976, le Québec est sorti de la littérature pour entrer dans son histoire.
>
> Aujourd'hui, ni l'écrivain ni le peuple ne se retrouvent seuls: l'un et l'autre se conjuguent dans le même désir de souveraineté, c'est-à-dire de libre entreprise de création de soi.
>
> OUI: l'imaginaire s'inscrit dans le réel.

J'ajouterai aujourd'hui que l'œuvre d'art rend le réel à lui-même, que la littérature rend notre monde réel.

Les cahiers perdus

Au lendemain du référendum de 1980 perdu par le gouvernement du Parti Québécois, malgré la promesse d'un prochain rendez-vous faite par René Lévesque, le Québec sombre dans une morosité qui devient même une sorte de mélancolie collective pour certains — patriotes, intellectuels, écrivains et artistes —, qui nourrissaient depuis vingt ans un rêve d'émancipation et d'autonomie. On commencera à se demander s'il n'est pas trop tard pour sauver sa culture d'expression française dans l'Amérique anglophone. Au lieu d'entrer dans l'Histoire, on s'enferre dans une déprime profonde. Car le Québécois s'est laissé vaincre par son «ennemi intime», qui est nul autre que lui-même, comme l'écrira plus tard Pierre de Bellefeuille.

Il n'y a plus de rêve collectif ni de projet de société. Les politiques s'affichent avec cynisme, comme en écho au si triste discours du chef «libéral» Claude Ryan — discours arrogant, cauchemar interminable —, dès le soir du 20 mai 1980.

Le Québec s'est séparé de lui-même. De sorte que la France, déçue, ne s'intéressera plus à nous, pour un temps. Le monde entier nous a vus baisser la tête. Refuser de se dire oui comme peuple, cela apparaît suicidaire. Où trouver des forces vives pour reconquérir l'avenir?

Au journal *Le Devoir*, ce microcosme de la société québécoise, la situation est critique, là aussi. On pressent, depuis le départ du directeur Claude Ryan, que des factions du Parti libéral cherchent à inféoder le journal, par alliés interposés au conseil d'administration. La nomination d'un nouveau directeur tarde à venir. Michel Roy assure l'intérim par respect pour l'institution. Sa nomination comme directeur serait bienvenue chez les journalistes et pour une bonne partie de l'opinion publique. Mais Michel Roy est un journaliste. Il fait partie de cette race que les politiques veulent écarter de leur chemin.

La rumeur de la nomination d'un nouveau directeur finit par se faire entendre. Puis l'annonce est reportée de quarante-huit heures. Des factions libérales s'entrechoquent au conseil d'administration. Plus tard, on apprendra qu'un groupe soutient la candidature d'un professeur de l'Université McGill, Jean-Louis Roy, et qu'un autre appuie celle d'un administrateur de collège, Benoît Lauzière. Ce dernier ne perdra rien pour attendre, mais c'est Jean-Louis Roy qui prend la direction du journal, le 23 novembre 1980.

On se rendra compte, à l'usage, que Jean-Louis Roy considère *Le Devoir* comme un tremplin pour une carrière internationale. Non sans avoir régné dans le mystère et la hauteur de sa tour d'ivoire. On pourra douter aussi de ses qualités d'administrateur. En effet, quand il est arrivé au *Devoir*, M. Roy bénéficiait d'un million de dollars en caisse, amassé par les gestions de Claude Ryan et de Michel Roy. Quand il partira, six ans plus tard, sans même prévenir quiconque ni prévoir la suite, son successeur Benoît Lauzière découvrira que *Le Devoir* est endetté d'environ deux millions de dollars!

Michel Roy, quant à lui, quitte *Le Devoir* pour *La Presse* en février 1982, non sans avoir instruit de l'institution pendant un an le nouveau directeur. Ce dernier, malheureusement, après avoir nommé Lise Bissonnette rédactrice en chef, entreprend une gestion qui déconnecte de plus en plus *Le Devoir* de ses lecteurs. Non seulement la crise économique ronge-t-elle les acquis, mais une crise de leadership abandonne le journal en chute libre. Le lectorat diminue à vue d'œil. D'un jour à l'autre, les journalistes se découragent. Pour ma part, j'aspire à une certaine indépendance personnelle et je refuse de me laisser emporter dans cette dépression généralisée.

Devant l'incompréhension de la situation du *Devoir* par le tandem Roy-Bissonnette, je me résous à démissionner de la direction des pages culturelles, à la fin de 1982. Je réponds ainsi, sans doute, à un souhait de la nouvelle rédactrice en chef. «Changement de gouvernement, changement de sous-ministre!» m'a appris l'adage du monde politique. Après cinq ans de gestion de l'information culturelle, je décide donc de retourner «sur le terrain» comme critique littéraire.

Lise Bissonnette nomme alors à ma place un jeune metteur en pages qui était entré au *Devoir* après avoir été traducteur dans une banque. En matière culturelle, il s'intéresse plus au «bon français» qu'aux œuvres littéraires et qu'à la vie artistique. En somme, sa culture semble nettement insuffisante pour lui permettre de prendre la responsabilité des pages littéraires et culturelles du *Devoir*, et plusieurs journalistes de la salle de rédaction s'étonnent de cette nomination.

Durant quelques semaines, je m'efforce d'initier mon successeur aux rouages du quotidien et à la mécanique du cahier. Un beau soir, le nouveau chef du secteur culturel me fait une confidence: «Je n'ai pas souvent lu le cahier», m'avoue-t-il, avec une mimique de circonstance. Je lui fais alors un cadeau ultime: je lui lègue la collection complète des cahiers «Culture et Société» que j'ai amassée dans mon bureau depuis janvier 1978. Cinq ans de textes sur la culture et la littérature, qu'il pourra lire à son aise dans ses temps libres. Car je sais bien, comme Albert Camus, que la force d'un homme lui vient d'abord de la profondeur de sa mémoire historique. Mon successeur acquiesce sans pourtant prendre la peine de me remercier. La semaine suivante, nous nous retrouvons dans ce qui est devenu «son» bureau. Je vois que la collection des cahiers «Culture et Société» est disparue et je m'enquiers de son utilité.

«Il y a trop de travail ici, répond mon successeur. Je n'aurai jamais le temps de lire ces cahiers. Alors, je les ai mis à la poubelle!

— Et tu n'as même pas pensé que j'aurais aimé garder pour moi cette collection?»

Long silence. Le nouveau sous-ministre des affaires culturelles du *Devoir* n'a pas su prendre la mesure de la situation. Ni entrer dans son rôle. Il a jeté notre mémoire culturelle au dépotoir. Pour moi, monter une collection des cahiers «Culture et Société» n'avait rien de narcissique. Cela relevait d'un esprit de continuité. Avec les ans, on se façonne un héritage pour la suite du monde. Cultiver la mémoire du passé avive son action dans le présent. Quand on connaît son histoire, on peut devenir plus attentif aux nouveautés du présent. Prendre acte de la mémoire, c'est se donner une compétence pour mieux gérer le présent.

Ce jour-là, je sortis du bureau la mort dans l'âme. Pour moi, *Le Devoir* n'était plus *Le Devoir*. Afin de me réconforter dans une autre mémoire, je pris un congé d'un an et m'en allai composer une anthologie de la poésie québécoise contemporaine, que m'avaient commandée les éditions Maspero en France, ainsi qu'une anthologie thématique, *Le Québec en poésie*, qui paraîtra chez Gallimard.

Il faut savoir partir quand il est temps[1]. Il faut savoir recommencer sa vie autrement. On ne guérit pas de son cœur. C'est la chance de l'écrivain.

---

1. En fait, je quitterai mon poste de journaliste au *Devoir* en 1989, sous la direction de Benoît Lauzière. Je deviendrai ensuite collaborateur du journal, le temps d'un contrat de deux ans comme pigiste au cahier des livres. Puis, en septembre 1991, j'accepterai la direction littéraire des Éditions de l'Hexagone.

Héritage

Le capitaine

La poésie est mon chemin brûlé. Le poète est celui qui refait parmi ses contemporains un parcours initiatique. Voilà peut-être le sens d'une histoire peu connue que racontait Alain Grandbois à ses proches et qui m'a été transmise par Éric Daudelin, son petit-fils par alliance.

Alain Grandbois voyage sur la mer de Chine. Il a donné un exemplaire de ses *Poèmes*, imprimés à Han-kéou, au capitaine du bateau, qu'il voit dans son hamac en train de lire la poésie.

«Aimez-vous mes poèmes? demande Alain Grand-bois.

— Je les aime beaucoup», répond le capitaine qui, au fur et à mesure de sa lecture, déchire une à une les pages de son livre et les jette par-dessus bord.

Grandbois regarde les poèmes flotter sur les vagues et son livre diminuer à vue d'œil.

«Pourquoi lancez-vous la poésie à la mer? demande le poète.

— Je suis un marin, répond le capitaine, et rien ne m'appartient.»

Radio-Liberté

La radio, gardienne de la parole et de la connaissance, nous permet de mieux comprendre notre temps. Ceux qui l'aiment vraiment et qui ont appris à en explorer les ressources peuvent en faire un lieu de liberté. Ainsi Jean Tardieu et le studio du Club d'essai de la Radiodiffusion française. Ainsi Guy Mauffette, réalisateur des textes de Félix Leclerc et animateur du légendaire *Cabaret du soir qui penche* à Radio-Canada. Ainsi Jean-Guy Pilon, également, qui fut durant trente ans un homme de radio remarquable, réalisateur puis bâtisseur du réseau FM de Radio-Canada, une radio qui cessera, après son départ, d'être «une radio pour les écrivains». Il fallait l'entendre raconter l'histoire de sa passion, évoquant l'époque où la radio de Radio-Canada se taisait à minuit.

«Chaque matin, dit Jean-Guy Pilon, j'ouvre la radio. Un peu avant six heures, c'est le silence. Les techniciens font leurs tests de lignes. Ce sont des minutes inquiétantes. C'est la naissance du jour. Est-ce que la parole aura lieu? J'exagère peut-être, mais pour moi ces minutes sont une sorte d'attente de la liberté. Et quand la voix se manifeste, tout à coup, à six heures, quand la radio existe encore, quand le bateau a pris la mer, la parole est de nouveau libre! La journée peut commencer et tout est possible.»

Au dictionnaire

En ce 15 octobre 1974, le ciel est bas et un froid pénétrant, humide à vous en faire oublier votre nom, recouvre l'île d'Orléans. J'attends la visite de Paul Robert, que je dois interviewer pour le journal *Le Soleil*. Venu à Québec pour la promotion du *Dictionnaire Robert des noms propres*, il a choisi de me rencontrer chez moi, à l'île d'Orléans, «où ce sera plus pittoresque», m'a lancé son attachée de presse.

J'habite depuis quelques mois la maison Imbeault à Saint-François. Construite au XVIIᵉ siècle, elle est aujourd'hui assez délabrée et n'est habitable que l'été. Quand l'automne arrive, le froid s'installe entre les pierres. Voilà deux semaines, j'ai fermé la salle de séjour, là où un immense foyer de deux mètres sur deux mètres sert de couloir au froid. Il faut se réfugier dans la cuisine, et c'est là que je recevrai Paul Robert.

Il arrive bientôt avec son épouse, qui a ses airs de comtesse. Je leur fais visiter le monument historique si pittoresque. Ils admirent les lieux en frissonnant. Dans la cuisine, heureusement, le poêle à bois et un bon café nous redonnent un confort plus contemporain. Nous pouvons parler des noms propres, pendant que madame, qui m'a réclamé un fer à repasser, s'occupe à lisser son manteau de laine rouge.

Paul Robert est un homme affable. Diplômé d'université avec une thèse sur l'agriculture, il est devenu lexicographe. Il aime les mots autant que les agrumes. Sa bonne humeur est communicative.

Le *Robert des noms propres* en quatre volumes, il l'a aussi condensé en un *Petit Robert 2* de 2 000 pages, 35 000 articles, 2 200 illustrations en couleurs et plus de 200 cartes. Le dictionnaire réunit des noms de femmes et d'hommes, d'œuvres, d'institutions, de systèmes politiques et autres, ainsi, bien sûr, que des noms géographiques. Des noms modernes autant qu'anciens. De Carthage à Québec. Des bas-reliefs aux bandes dessinées. De Napoléon à Picasso. De Louis XIV à Nixon. De Lulli à Duke Ellington. De Marx à Duplessis. De Colette à Anne Hébert. De Mélusine à Mickey Mouse. D'Allah à Zeus. Il y manque cependant les noms de grands Québécois: celui de Borduas, à côté de Pellan et de Riopelle; ceux de Gaston Miron et de Gilles Vigneault, à côté de Marie-Claire Blais et de Réjean Ducharme; celui de René Lévesque, à côté de Robert Bourassa. Construit selon la même méthode analogique que le *Petit Robert 1*, l'ouvrage est destiné d'abord à la francophonie, mais il a une vocation universelle, c'est-à-dire qu'il nous donne une image sommaire du monde entier, m'explique son auteur.

À la fin de notre conversation, Madame la comtesse a justement terminé de repasser son beau manteau bien griffé et souhaite retourner à Québec tout de suite. Paul Robert avait cependant une idée derrière la tête en venant faire cette interview à l'île d'Orléans. Il avait appris que j'étais un ami et presque voisin de Félix Leclerc. Il me supplie de l'emmener saluer le grand poète populaire.

«D'accord, lui dis-je. Mais visitons d'abord votre dictionnaire. S'il y a une entrée «Félix Leclerc», je vous conduis chez le grand homme.»

Paul Robert me regarde, interloqué. Il rougit. Il blanchit. Nous nous penchons sur son dictionnaire. Il avait raison d'être inquiet. C'est en vain que nous y cherchons le nom de Félix. À l'entrée des Leclerc, on ne trouve que Perrinet, Jean-Baptiste, Charles et le maréchal. Pas de Félix. Le premier troubadour de la chanson moderne a été oublié, mais non pas son ami français Georges Brassens. Excuses et remords. Paul Robert encaisse le coup avec humilité. Il est beau joueur.

«Je vous promets, me dit-il, que le nom de Félix Leclerc apparaîtra dans la deuxième édition du dictionnaire.»

Quand il sort de la maison, Paul Robert oublie qu'il est à la campagne et, par inadvertance, met le pied sur une bouse de vache. Il nettoie, en souriant, son soulier neuf, qui n'a pas beaucoup voyagé, et il sait rester aimable en me quittant. Je l'ai presque entendu fredonner la fin de la chanson:

> Dépêchez-vous de salir vos souliers
> Si vous voulez être pardonnés...

Félix a ri de bon cœur quand je lui ai raconté la visite de Paul Robert à l'île d'Orléans. Quelques mois plus tard, «Leclerc, Félix» faisait son entrée au *Dictionnaire Robert des noms propres*. Malheureusement, Paul Robert décédera avant de pouvoir revenir visiter le poète dans son île.

Mais l'on sait que le temps finit par arranger les choses, et, aujourd'hui, Paul Robert voisine avec le Roi heureux au dictionnaire des noms propres.

Le mot juste

Par un bel après-midi de l'automne 1977, je vois arriver chez moi, à l'île d'Orléans, Yolande et Pierre Perrault. Ils m'apportent un lièvre que Pierre vient de chasser entre Montréal et Québec. Ils font une halte à l'île avant de filer vers les paysages de Charlevoix. Aussitôt les salutations terminées, Yolande me prie de préparer les casseroles. Elle entreprend de peler le gibier puis de le mettre au feu. Ce sera le festin de l'amitié.

La rencontre autour d'une table est toujours, pour eux, un événement culturel. Ils aiment recevoir les amis avec une pièce de gibier, de chevreuil ou de castor. À Montréal, il y a souvent chez les Perrault des repas mémorables.

Pour comprendre leur ferveur et leur sens du patrimoine, il faut aussi savoir que, si Pierre est le poète de l'eau et de «toutes isles», Yolande, pour sa part, a toujours été fascinée par tout ce qui est terre. Elle a fait de la céramique avec Jean Cartier et pratiqué longtemps le tissage du lin. «Quand j'étais jeune, m'a-t-elle confié un jour, j'allais chercher de la terre glaise dans les écarts de la rivière du Gouffre, là où les hirondelles faisaient leurs nids.» Yolande est archéologue, diplômée de l'Université du Québec à Montréal et de l'Université de

Montréal, et elle a participé avec le groupe de Patrick Plumet aux fouilles du projet Tuvaaluk, dans le Grand Nord.

Pierre, de son côté, est devenu depuis les années cinquante un grand aventurier de la parole: à la radio, au cinéma et en poésie. On connaît bien ses films sur les royaumes perdus de Charlevoix, d'Acadie et d'Abitibi. On connaît moins ses poèmes réunis sous le titre de *Chouennes,* qui veut dire «paroles», en Charlevoix. On n'a pas assez parlé de son grand poème épique *Gélivures,* où les mots arrachés à l'écorce du froid maîtrisent enfin le sens du paysage.

Ce poème a valu à Pierre Perrault le titre de «Saint-John Perse du Labrador». On y lit le combat d'un homme pour la vie, en un «âge premier du monde», le combat d'un peuple pour sa langue de terre et de mer, le combat d'un pays qui s'arrache à la «froidureté» pour conquérir son humanité. Des neiges aux lichens, et au-delà des saxifrages, des kalmias et des mirikas, les morceaux de ce poème sont bien — comme les fissures provoquées par le gel dans la pierre — des gélivures dans le fleuve du Temps. *Gélivures* porte une poésie mythique «pour la suite du monde» contre la tragédie de la mort, une poésie qui s'approprie le langage à même «le paysage saigné à blanc». Une poésie à la fois politique et métaphysique, qui nous unit dans son chant pour un Temps enfin habitable.

L'aventure poétique de Pierre Perrault est exemplaire aussi en ce qu'elle s'est fondée sur l'oralité. Le cinéaste a pris pour des poèmes les propos d'Alexis Tremblay de l'île aux Coudres. Comme ses grandes suites radiophoniques sur les habitants de la ville, ses films sur les gens de Charlevoix sont essentiellement des poèmes recueillis chez le peuple, des récits épiques d'un royaume qui ne disparaît pas tout à fait tant que nous gardons la mémoire de sa parole. «La poésie est une magie vieille comme l'homme: il suffit d'ouvrir les oreilles», me dira le poète de *Toutes isles*.

Ce soir-là, à l'île d'Orléans, en mangeant le lièvre, Pierre Perrault ne cessera de me parler de sa femme Yolande, née Simard, de Baie-Saint-Paul.

«C'est d'abord à travers la parole de Yolande que j'ai découvert le pays, affirme d'emblée Perrault. Nous étions étudiants à l'université et, dans les rues de Montréal, elle me parlait de Baie-Saint-Paul. Son village devenait le monde entier! Elle tenait ses mots de sa propre réalité. Sa poésie charriait les odeurs du pays. Elle me parlait de la rouche, des oiseaux, des fruits et des fleurs de son pays. Aujourd'hui, elle est une des rares personnes à connaître le nom vulgaire de chacune des fleurs du Québec. C'est avec elle que j'ai découvert la poésie.»

La vraie poésie, en effet, n'a pas le pinceau flou ni le mol abandon, mais, au contraire, s'installe en un art du mot juste. On ne peut nommer le monde qu'à ce prix. Le poème fait le reste en contenant les rêves du langage, un peu comme de la terre dans les mains du potier s'élève une forme prête à recevoir nos secrets, nos boissons ou nos fleurs.

Les témoins

Jacques Ferron, affable, presque familier, m'accueille dans son cabinet de médecin. L'écrivain est visiblement ému de recevoir, en cette année 1977, le prix Athanase-David, la plus haute distinction littéraire du Québec: «C'est un prix que tous ceux qui ne cessent pas d'écrire finissent par obtenir un jour. Cela indique un certain âge, un certain nombre de livres.»

Sur son bureau de médecin, les pages d'un manuscrit en cours, quelques exemplaires de certains de ses livres publiés, un appareil à mesurer la tension artérielle et le téléphone qui sonne de temps en temps. Aux murs du petit sous-sol de Ville Jacques-Cartier qu'il partage, dans ce quartier défavorisé, depuis des années avec son frère Paul, médecin comme lui, on remarque des photos de ses enfants et une peinture qui représente le paysage de son village natal.

En face de moi, l'homme est souriant. Il a la tête blanche et le regard perçant. Sa voix mesure notre intimité. Au fur et à mesure que se déroule notre interview, le ton de la conversation se fait de plus en plus bas. Ferron sait vanter un cadet comme Victor-Lévy Beaulieu, qui a «le courage» de faire sa vie en littérature. Il ajoute que la médecine l'a aidé personnellement à rester en contact avec des gens qui n'étaient pas des intellectuels.

Pour lui, l'œuvre de l'écrivain participe du salut collectif. Elle s'écrit à partir de l'oralité et doit y retourner, comme dans une fidélité au pays. L'écrivain fait le tour de la parole comme d'un pays de liberté.

L'interview se déroule durant plus d'une heure. Puis l'écrivain se lève pour me reconduire. Il s'attarde à me montrer quelque trésor de sa bibliothèque religieuse, tout près de la porte. Quand je me retourne pour le quitter, je découvre dans l'antichambre, à ma grande surprise, six ou sept patients qui attendent leur médecin. Ils étaient les témoins de notre interview. Je ne les voyais pas arriver, puisque je leur tournais le dos. Jacques Ferron, lui, les voyait entrer un à un dans son bureau, tout en me parlant de sa vie d'écrivain.

J'ai rapporté de cette interview non seulement une conversation d'écrivain, mais encore une leçon, celle du docteur Ferron, qui est digne de celle d'Albert Camus. Si l'on écrit la littérature d'abord pour soi, on la fait aussi pour les autres. On peut écrire dans l'espoir que les plus pauvres, ceux du *noir analphabète* et ceux de *la petite noirceur*, y aient accès un jour comme à leurs propres rêves.

Derrière les étoiles

Ce jour-là, Yan, cinq ans, agenouillé sur sa chaise, presque couché sur la table de la cuisine, dessine un paysage pour lui et moi. Il me montre, au bas de la page, la terre et ses maisons au bord de la mer émeraude. Puis, dans le haut de son dessin, le ciel bleu nuit et ses étoiles. L'enfant, très concentré sur son ouvrage, finit de colorier son image avec un crayon jaune à la mine bien aiguisée quand, soudain, la feuille de son cahier se déchire, trouant le ciel irrémédiablement. Alors Yan me regarde, atterré devant la page lacérée, et me demande:

«Jean, y a-t-il un autre monde derrière les étoiles?»

Que répondre à cette question de l'angoisse métaphysique d'un enfant de cinq ans? Tout ce que je trouve pour le rassurer, c'est de le ramener à la surface du paysage et à son art naïf: «Oui, Yan, il y aura un autre monde derrière les étoiles quand tu y glisseras un nouveau dessin de toi.»

L'art nous reste, avec l'amour, une réponse souveraine devant l'appel de la vie.

Comme une roche

Marie Uguay sait qu'elle va mourir. Elle l'a écrit pour elle dans son *Journal*, il y a deux jours. Là, devant moi, elle parle de sa vie: son enfance, Montréal, l'amour, la poésie. La caméra de Jean-Claude Labrecque enregistre notre conversation pour l'ONF. Nous arrivons à la question difficile: celle de la maladie et de l'angoisse du temps. Marie accepte d'y répondre. Moteurs! Je lance ma question dans le vide. Marie me regarde, immobile. La peur de la mort annule en elle toute parole. Marie pleure et pleure. Nous arrêtons le tournage. Repos. L'assistant de Jean-Claude, Martin Leclerc, fils de Félix, s'affaire à changer la bobine dans la caméra. Marie me regarde, désespérée. Puis elle sourit doucement en essuyant ses larmes. J'essaie de lui parler avec mes yeux et de porter sa peine, afin qu'elle s'appartienne sans douleur. Marie s'apaise et reprend son souffle. D'accord pour continuer. Moteurs! La question du temps. La réponse de Marie Courage fera fondre les neiges éternelles:

«Je vois la mort un peu comme une roche qu'on jette dans l'eau. Ça fait des ronds et le lac devient calme. Il n'y a plus rien à dire. Il n'y a plus rien à raconter. La roche, c'est moi qui me suis enfoncée dans l'existence. J'ai fait quelques ronds. Des individus autour de moi m'auront connue, auront pleuré. Puis tout redevient calme, tout va s'effacer.»

Le film est terminé. Marie meurt vingt-sept jours plus tard, emportée par le cancer à l'âge de vingt-six ans. Me reste sa voix de poète, qui fait encore des ronds autour de nous. Au montage, on a fait disparaî-tre ses pleurs.

La dernière lettre

Aujourd'hui, le 18 août 1983, j'ai reçu une lettre de l'au-delà. Elle est signée par Gabrielle Roy et datée du 6 juillet dernier. À cause d'une adresse incomplète, la missive m'est arrivée aux îles de la Madeleine plus d'un mois après la mort de la romancière!

Lettre émouvante que celle d'une morte. Morceau de vie où s'étale une calligraphie de maîtresse d'école: appliquée, attentive, régulière, faite pour être lue dans l'intimité.

Dans cette lettre qui reste pour moi son dernier acte de vivante, Gabrielle Roy me remercie chaleureusement de ma critique dans *Le Devoir* au sujet de son récit intitulé *De quoi t'ennuies-tu Éveline?* Elle y propose le récit de voyage d'une vieille femme vers la mort. Voilà un livre de la plus grande tendresse, écrit il y a vingt ans, mais que Gabrielle Roy se décidait à publier cette année seulement, soit quelques mois à peine avant sa propre disparition. C'était son dernier livre et ma critique aura été l'ultime écho qu'elle aura eu de son œuvre.

Le livre raconte donc le voyage d'Éveline, la mère de la Christine de *Rue Deschambault*, du Manitoba jusqu'en Californie, voyage entrepris à la suite d'un télégramme reçu de son frère: «Majorique à la veille du grand départ souhaite revoir Éveline. Argent suit.» Ce «grand départ», quel est-il? Le désir d'aventure qui a toujours lié Majorique et Éveline — cette dernière prenant justement l'autobus au lieu de l'avion pour voir du pays? Ou la mort qui accompagne le frère et la sœur dans leur vieillesse?

Ce récit de Gabrielle Roy appartient donc à toute cette partie de son œuvre qui rejoint, sur un ton intime et serein, les plus grands sujets de méditation: la pureté du bonheur, les mystères de l'écriture et le sens de la mort. Certes, voilà les thèmes qui hantent *Rue Deschambault* ainsi que *La route d'Altamont* et que Gabrielle Roy semble vouloir résoudre dans ce récit du voyage d'Éveline. Ce qui expliquerait la publication de l'œuvre vingt ans après son écriture.

On y reconnaît la femme déchirée entre son rêve d'aventure et son attachement au passé. Entre le départ et l'arrivée, Éveline raconte ses souvenirs aux autres voyageurs, particulièrement ceux qui la lient à son frère Majorique, joueur de tours et fort en tendresses. Les histoires d'Éveline animent le voyage, rapprochent les êtres: «Les souvenirs des uns appellent les souvenirs des autres.»

Le récit émouvant du voyage d'Éveline, qui nous atteint en plein cœur par la hauteur de son propos et la qualité de son écriture, est peut-être le plus exemplaire de cette tentative de réconciliation qui définit une partie de l'œuvre de Gabrielle Roy. Réconciliation du passé au présent et de la vie à la mort. C'est pourquoi cette œuvre respire de la plus grande tendresse. Nous voyageons à la frontière de la joie de vivre et de la douleur de mourir.

Par la qualité de sa présence, Éveline fait ressortir la bonté des êtres qui voyagent avec elle. Quand elle raconte, c'est pour l'amitié gratuite: «Cela ne donnait rien d'affirmer, ce qui comptait c'était de faire voir, de faire aimer.» Éveline, comme Gabrielle Roy, a compris durant le voyage une part du mystère de la parole ou de l'écriture: «Quand on exprimait bien quelque chose de soi, ne serait-ce qu'une émotion, du même coup on exprimait une part de la vie d'autrui.»

Voilà bien la définition de tout un pan de l'œuvre de Gabrielle Roy que le critique François Ricard a regroupé sous l'appellation du «cycle de la réconciliation» (par opposition au «cycle de l'exil» inauguré par *Bonheur d'occasion*).

Au bout de son voyage, Éveline arrive en plein paradis terrestre: celui où Majorique a vécu, où il a réuni sa famille nombreuse et de cultures diverses. D'abord étrangère à ce bonheur édénique légué par Majorique, Éveline devient ensuite l'héritière de la plus grande réconciliation: «Tous les moments de la vie s'échangeaient parfaitement, songea Éveline, le passé et le présent, son enfance et celle du petit Frank, comme si c'était cela, la mort: tous les instants enfin réunis.»

Alors Éveline pourra voir, pour la première fois de sa vie, cette splendeur rare qui a toujours habité ses rêves: l'océan.

C'est une méditation sur l'attachement à la vie et à ses possibilités de bonheur que nous propose donc ce récit de Gabrielle Roy, en même temps qu'il nous émeut par la gravité du sujet: la mort au bout du voyage.

Je n'ai rencontré Gabrielle Roy que deux ou trois fois à Québec, à l'occasion de cérémonies officielles, qu'elle fréquentait peu, par ailleurs. La dame avait l'air timide et réservé des grandes âmes. Et le regard perçant, à la recherche d'une vérité de l'autre. En même temps, elle restait affable, discrète mais chaleureuse. J'avais sollicité une interview. Elle m'avait gentiment répondu qu'il lui était impossible de me recevoir et ce n'était pas une feinte: la maladie la faisait trop souffrir.

Avant de mourir, au début de l'été 1983, elle aura eu le temps d'écrire son autobiographie, *La détresse et l'enchantement*, où elle raconte sa jeunesse jusqu'en 1939. L'ouvrage paraîtra à l'automne 1984 et me donnera l'occasion de rencontrer son mari, le Dr Marcel Carbotte, qui me parlera de la romancière de sa vie en des termes d'une généreuse amitié. Marcel Carbotte avait épousé Gabrielle Roy en 1947. Elle venait d'écrire son premier roman et son premier succès, *Bonheur d'occasion*, l'œuvre qui lui a valu le prix Femina en France ainsi que la renommée en Europe et en Amérique.

Dans son appartement feutré de la Grande-Allée à Québec, le Dr Marcel Carbotte me reçoit aimablement à déjeuner. J'avais déjà rencontré une ou deux fois cet homme de haute stature qui veillait sur la frêle silhouette de Gabrielle Roy. En ce 2 octobre 1984, l'homme me reçoit parmi ses souvenirs. Il accepte de me parler des bonheurs de Gabrielle Roy. Il répond à mes questions sur la vie littéraire de la femme qu'il a aimée et il évoque sa mémoire avec une tendresse émue. Je serai l'auditeur attentif de ce portrait intime et inédit qu'il voudra bien me dessiner de Gabrielle Roy.

L'homme qui m'accueille a été un témoin silencieux de l'élaboration d'une œuvre littéraire impor-
tante. Aujourd'hui, il parle volontiers. Installé bien droit
dans sa chaise berçante, la tête digne de son collier de
barbe blanche, l'œil triste et chercheur, la voix chantante et le geste large, Marcel Carbotte évoque avec
une émotion à peine contenue l'image qu'il conserve
de Gabrielle Roy et de certains épisodes de leur vie
commune.

«J'ai toujours tenu à n'avoir aucune participation
officielle à sa vie littéraire jusqu'à la fin, lance d'abord
le Dr Carbotte. Je pense que c'est à ce prix qu'on peut
vivre ensemble avec des professions différentes. C'est
dans le respect total de la liberté de l'autre qu'on peut
vivre entre gens intelligents. C'est la seule raison de la
durée de notre vie commune.»

Les parents de Marcel Carbotte, tout comme ceux
de Gabrielle Roy, comptent parmi les pionniers de
l'Ouest canadien. C'est donc à Saint-Boniface qu'ils se
sont connus.

«J'ai rencontré Gabrielle Roy quand j'étais encore
au collège, me confie le Dr Carbotte. Elle était un peu
plus âgée que moi. La première impression qu'elle
m'avait faite n'avait pas été extraordinaire. J'étais l'élève
des jésuites, elle était à l'Institut de Saint-Boniface chez
les sœurs. J'avais cité Montesquieu mal à propos.
Elle m'avait remis à ma place. Je l'avais trouvée extrê-
mement prétentieuse. Quelques années plus tard, j'étais
président du Cercle Molière où elle avait joué autrefois.
Elle était en visite à Saint-Boniface et nous voulions
souligner le succès de *Bonheur d'occasion.* J'avais lu le
roman qui m'avait fait grande impression. C'était pour
moi la première fois qu'on ne parlait ni de rossignol ni
de marquise mais des gens de la place, en littérature, et

qu'on avait réussi à les rendre intéressants. Jusque-là, dans les livres d'auteurs canadiens-français, on lisait des espèces de contes de fées où n'existait personne que l'on connaisse. Donc, nous avions reçu Gabrielle à souper malgré sa réticence. Elle était très belle. Elle avait de très beaux cheveux et des yeux comme peu de gens en ont. Elle s'habillait aussi avec beaucoup de goût. Elle avait fait grande impression au Cercle Molière. À partir de ce soir-là, je l'avais suivie une carrière plus haut que la tête, et trois mois plus tard l'affaire était réglée!

«Ce qui me fascinait chez cette femme c'était l'intelligence et la vérité. Il n'y avait pas de compromission chez elle. Elle a toujours été un être libre. Elle n'a jamais composé ni avec les idées politiques ni avec les idées littéraires. Il faut dire qu'à Saint-Boniface, comme partout dans le Canada français, on était dans une espèce de prison. Une fois sorti de là, il ne fallait plus y rentrer. Comme l'oiseau sorti de sa cage. Bien entendu, elle a toujours été respectueuse des valeurs auxquelles elle croyait, mais elle n'a jamais été prise en otage, ni par le clergé ni par la politique. Elle est restée libre.»

Cette liberté, Gabrielle Roy l'a gagnée durement. De retour d'Europe avant la guerre, elle s'installe à Montréal, joue dans un radio-roman, *Vie de famille*, d'Henri Deyglun, puis écrit dans le *Bulletin des agriculteurs*. Ensuite, elle signe un contrat avec *Le Canada*, où elle peut donner douze articles par année à l'intérieur de trois mois, prenant le reste de son temps pour écrire. Elle a pu ainsi se retirer à Rawdon. À ce moment-là, c'est Henri Girard qui l'encourageait à écrire. «On n'en a jamais parlé, précise Marcel Carbotte, mais c'est Henri Girard, je crois, le grand homme de l'affaire.» Gabrielle Roy a malheureusement brûlé leur correspondance volumineuse lors de son mariage avec le Dr Carbotte, qui le déplore car, selon lui, on y aurait retrouvé toute l'histoire de l'écriture de *Bonheur d'occasion*.

En 1947, ce premier roman reçoit le prix Femina. Les époux Carbotte vont vivre à Paris.

«Je ne lui ai jamais rien demandé au sujet de sa vie littéraire, assure le Dr Carbotte. Elle était libre de ses allées et venues. Au début, elle me demandait conseil. Par exemple, je suis fort probablement responsable d'*Alexandre Chenevert*. Elle m'avait montré une nouvelle. Je lui avais dit qu'elle pourrait la développer. C'était le premier chapitre d'*Alexandre Chenevert* qu'elle devait écrire un an plus tard. Je lui ai donné aussi le *Capucin de Toutes-Aides*, un personnage qu'elle a bâti d'après un comte russe que j'avais connu. J'ai presque toujours trouvé aussi les titres de ses livres. C'était ma suggestion qui l'emportait.

«Pour l'écriture d'un roman, elle était menée d'abord par le personnage. Deuxièmement par le lieu. Troisièmement, quand une histoire se présentait qui en valait la peine, elle introduisait le personnage dans le lieu, elle ébauchait l'histoire et laissait reposer cela pendant un an ou deux. Puis, elle faisait lire le manuscrit par la bonne. Quand celle-ci revenait lui raconter l'histoire de nouveau, Gabrielle disait: "Ça vit, c'est bon, ça va." Parce que la première critique valable, pour elle, c'était la critique de la vie. Elle n'a jamais fait *de la littérature*. Elle n'a jamais aimé le joual mais elle n'aimait pas que ce soit trop beau non plus. Quand ce n'était pas parfait et qu'on lui conseillait d'écrire autre chose, elle répondait qu'il lui fallait une langue qui puisse dire vrai.

«Son attachement au petit peuple, elle le tenait de son père, qui avait été agent colonisateur. Il avait une

certaine éducation, ce qui explique chez elle cette connaissance du monde. Je n'ai jamais entendu Gabrielle
parler d'étranger. Elle était aussi bien à l'aise aux États-
Unis qu'en Angleterre ou en Suisse. Son père a placé
dans les provinces de l'Ouest à peu près tout ce qui ne
parlait ni français ni anglais. Ce qui a donné à Gabrielle
ce désir de se répandre dans le monde, de reconnaître
des gens de partout. Quant à sa mère, c'est elle qui lui
a donné tout le rêve qu'on peut donner à un enfant,
sans en avoir les moyens. Sa mère l'a aimée beaucoup.
Elle l'a trouvée belle. C'était une femme qui aurait tout
donné aux autres, même ce qu'elle n'avait pas.»

Gabrielle Roy a aussi été une femme de théâtre
avisée. Elle avait joué tant en anglais qu'en français, à
Saint-Boniface. Elle avait suivi des cours à Londres,
comme elle le raconte dans son autobiographie. Ses
auteurs préférés étaient Shakespeare et les tragédiens
grecs, précise le Dr Carbotte.

«Nous avons refait ensemble l'étude des auteurs
grecs, à un moment donné. Pour elle, *Les Perses* d'Eschyle, c'était le *nec plus ultra*. Elle avait aussi une
grande admiration pour Shakespeare. Je n'ai jamais
rencontré quelqu'un qui possédait son Shakespeare
autant que Gabrielle Roy. Elle pouvait certainement
vous citer de cinq cents à mille vers de Shakespeare
par cœur. Elle était aussi très difficile à attraper pour
les références. Elle avait lu les Grecs comme de la littérature actuelle. Avant notre voyage en Grèce,
elle avait lu tout Homère. Cette fille-là n'avait pas eu
une éducation très prolongée à l'École normale de
Saint-Boniface, mais elle a lu fort probablement quatre ou cinq livres par semaine durant sa vie — sauf
durant les deux dernières années, où elle était plus
malade.

«Il faudrait vous dire, poursuit Marcel Carbotte, que Gabrielle a écrit parce qu'elle ne pouvait rien faire d'autre. Je suis sûr que si elle avait eu la santé, Gabrielle n'aurait pas été écrivain. Elle aurait pu être une skieuse olympique (elle a pratiqué ce sport à vingt ans) ou une Mère Teresa. Elle aurait fait autre chose d'aussi extraordinaire. Elle a fait ce qu'elle a pu avec ce qu'elle avait. Elle a tout de même été heureuse. Même si elle était tellement fragile, même si elle était malade, elle a fait une belle vie.

«Par ailleurs, elle répétait toujours: "Les bons livres sont ceux qu'on écrit *pour*. Il faut d'abord être pour quelque chose. Il faut aimer. Et si vous n'aimez pas, il ne sert à rien d'écrire. On n'écrit pas pour soi, on écrit pour les autres"», disait-elle.

«Notre vie a été heureuse autant que se peut, conclut Marcel Carbotte. Nous avons eu une très belle vie. Une vie de silence, si je puis dire. Ce fut d'ailleurs le sens d'une des dernières paroles qu'elle m'a dites. J'allais la voir trois fois par jour à l'hôpital. Je ne m'attendais pas à ce qu'elle parte si vite. Je ne disais rien. Je me reposais à son chevet. Elle me trouvait bien silencieux. Puis elle finit par me dire: "On peut tout de même admettre qu'on pense bien ensemble." Elle est morte le lendemain.»

Pour ma part, rasséréné par les propos amoureux de Marcel Carbotte, je me souviens qu'il y avait dans le regard de Gabrielle Roy une infinie bonté qui nous emportait vers ce que nous possédons en nous de meilleur. Il nous reste d'elle une œuvre littéraire incomparable, d'une grande force et d'une haute qualité humaine. Ainsi sommes-nous, comme lecteurs, les héritiers de son regard sur le monde.

La main fermée

Invité à la Rencontre québécoise internationale des écrivains, qui vient de se terminer au Château Frontenac, à Québec, et où il a été présent à peine une journée sur trois, l'écrivain français Michel Braudeau en profite surtout pour faire la campagne de presse de son roman, *Histoire d'une passion,* paru au Seuil, qui lui a valu le prix Femina. En ce 25 avril 1986, j'ai rendez-vous avec lui au restaurant Les Trois Chefs, rue Saint-Denis, à Montréal. Mais notre entretien va déraper et cet événement privé va provoquer une petite tempête qui dérangera un certain milieu littéraire parisien. Pour ma part, j'aurai subi les propos de Braudeau comme un mépris de ma propre littérature.

Notre entretien se passe normalement tant qu'il s'agit de l'œuvre de Braudeau. Mais quand j'essaie d'établir un rapport entre nos deux littératures et d'intéresser notre romancier et journaliste français à nos auteurs québécois, Braudeau se cambre. Il est à pic et sur la défensive, justifiant la présence du Seuil au Québec sans que je l'y invite. Il se prend pour Le Seuil à lui tout seul et il se met à me regarder de loin. Encore mieux, il ne me regarde plus du tout et répond à mes questions tout en dessinant des moutons ou je ne sais quelles silhouettes bizarroïdes sur la nappe de papier. J'ai l'air d'insister. Il a l'air de bouder. Mon impatience se cogne à son indifférence. Nous ne sommes pas conformes aux relations politiques France-Québec de non-ingérence et de non-indifférence! Notre dialogue se passera selon l'esprit d'escalier.

D'entrée de jeu, Michel Braudeau entreprend de me raconter son roman. Mais je l'ai lu et ce n'est pas ce que je veux savoir de lui. Nous parlerons d'écriture et de littérature, de son roman, bien sûr, et de la faiblesse d'imagination de la littérature française actuelle selon Braudeau. Puis, ma curiosité l'emportera devant ce journaliste à la rubrique cinéma du *Monde*: «Pourquoi, demandé-je à mon collègue parisien, les médias français ne s'intéressent-ils plus à la littérature québécoise, pourquoi ce manque de curiosité envers notre littérature des années quatre-vingt?»

Question naïve sans doute, puisque mon interlocuteur exprime aussitôt un mépris irrésistible, celui-là même qu'on soupçonne être le fait de certains milieux parisiens, une fois qu'on leur a tourné le dos. Je croyais rencontrer en Braudeau un écrivain passionné et me voici devant un journaliste hautain comme il ne s'en fait plus. Fini le charme parisien qu'incarnent Hector Bianciotti ou Alain Borer, deux autres invités de la Rencontre. J'en oublie mes meilleurs amis français dont plusieurs logent aux Éditions du Seuil.

Michel Braudeau a été critique littéraire à *L'Express*. Il est maintenant chroniqueur de cinéma au *Monde*, journal avec lequel *Le Devoir*, où je travaille, a d'ailleurs une entente de réciprocité. C'est bien à lui qu'il faut demander pourquoi on parle aujourd'hui si peu de la littérature québécoise dans les médias français. Quels rapports ont les journalistes français avec notre littérature des années quatre-vingt? Après tout, le Québec des années soixante et soixante-dix les a passionnés. Que se passe-t-il en 1986, où les meilleurs livres québécois ne sont mentionnés ni dans la rubrique «littératures étrangères» ni dans la rubrique «littérature française» du *Monde*? Pourtant, certains de nos titres littéraires continuent d'être distribués en France (par Distique, Réplique Diffusion, Wander, etc.). Je pose donc la question d'un journaliste à un autre journaliste.

«Je connais très peu la littérature québécoise, à part Robert Lalonde et Anne Hébert, deux écrivains qui publient au Seuil, répond Braudeau. Mais je voudrais venir m'installer dans une petite cabane au Canada et commencer à lire tout ce que je n'ai pas lu. C'est un pays où je me sens bien, que je trouve beau, accueillant. Les gens sont gentils et il y a de l'espace. Il y a tout ce que j'aime de l'Amérique du Nord: la grandeur, la nature. Et en plus, on parle français. C'est formidable.»

Je reprends ma question. Pourquoi les journalistes parisiens ne démontrent-ils pas, eux, un minimum de curiosité pour la littérature québécoise actuelle?

«Les modes passent! me répond Braudeau. Le Québec n'aura été qu'une mode. Et vous, est-ce que vous vous intéressez à la littérature française? Des clous! Moi, je vois Denise Bombardier qui sort un livre — ça vaut ce que ça vaut — et elle en vend trente mille exemplaires au Québec. Moi, j'en ai vendu combien au Québec, vous pensez? Douze cents exemplaires! Tandis que j'ai vendu cent mille exemplaires en France.

«Et puis, continue Braudeau, êtes-vous sûr que la littérature québécoise est si bonne? Avez-vous ici un García Márquez, un Vargas Llosa ou un Alejo Carpentier?»

Quoi répondre? Donner des noms? Les singularités sont indépassables et ne se comparent pas. Je risque quelques noms: Jacques Ferron, Yves Thériault, Gabrielle Roy, Alain Grandbois, Gaston Miron. Mais Braudeau ne connaît même pas Miron, le plus fêté de nos poètes à Paris et un ami des meilleurs artisans du Seuil, Pierre Oster et Denis Roche, pour ne nommer que ceux-là. Braudeau enfonce le clou de son ignorance. Je lui dis que la littérature québécoise fait partie d'une réalité culturelle et linguistique qui n'est pas facile à vivre en pleine Amérique anglophone.

«Vous pouvez parler anglais si vous le voulez. C'est votre affaire! me répond le romancier parisien. Nous, à Paris, on s'intéresse à ce qui nous plaît.»

Quand l'attachée de presse vient reprendre son auteur, nous en sommes au point mort tous les deux. Muets comme deux chiens de faïence. Au bout de notre discussion. Il était temps qu'elle arrive!

Je rentre au journal bouleversé de cette rencontre. Non sans me poser des questions sur ma conduite. Ai-je eu raison de demander à l'écrivain et journaliste français s'il connaissait notre littérature? Ai-je trop insisté? Une de ses réponses me reste pourtant entre les deux oreilles: «Avez-vous un Márquez? un Vargas Llosa? un Alejo Carpentier?» Cette attitude du Parisien qui me refuse une identité littéraire propre m'est insupportable. Mais vais-je faire allusion dans mon texte pour *Le Devoir* au dérapage de notre entretien? Je finis par décider que oui. En fait, Braudeau dit tout haut ce que certains Parisiens pensent tout bas de notre littérature. Son attitude est caractéristique. Comme journaliste, je n'ai pas le droit d'ignorer cette polémique.

Quand l'article paraît dans *Le Devoir*, il porte une onde de choc jusque sur la place de Paris. Gaston Miron, qui séjourne rue de Vaugirard, est alerté par ses amis du Seuil. Il me fait signe. Je lui envoie la transcription de ma rencontre avec Braudeau. Un de mes amis du Seuil m'écrit pour me dire que je suis «mélangé dans mes pinceaux». À Montréal, on prétend que je suis «tombé sur le mauvais homme». Braudeau est gentil et tout et tout. Talonné par ses amis du Seuil, Miron ne m'aura pas défendu avec conviction et me fera savoir qu'en fait je me suis «acharné» contre Braudeau. À Montréal, les représentants du Seuil se mettent à penser que je les persécute. La paranoïa présidera à nos relations durant quelques mois, avant que la tempête ne s'apaise.

Plusieurs semaines plus tard, à Paris, j'ai affaire aux Éditions du Seuil, rue Jacob. Je subis alors un interrogatoire serré et je dois prouver que j'ai été de bonne foi dans cette affaire. Aujourd'hui, je suis convaincu que j'avais visé juste. Avec autant de précision que j'avais été frappé par les réponses de Braudeau! Avec le recul, je ne regrette rien. Je persiste et signe. Et Michel Braudeau ne peut pas nier qu'il a dit ce qu'il a dit. La cassette de l'enregistrement de notre entretien est déposée à la Bibliothèque nationale du Québec.

Méditation sur un banc de pierre

La plaine du Rouergue est colorée de narcisses. Devant la beauté du paysage, on pourrait imaginer que ce sont les poètes qui fleurissent pour la Pentecôte. Dans le train pour Rodez, je me réjouis à l'avance de cette fête annuelle que sont les Journées de Poésie. M'y attendent plusieurs amis, dont ceux de l'équipe de la revue *Sud* autour d'Yves Broussard. On m'avait reçu chaleureusement, il y a treize ans, en 1976. Le président de l'Association des écrivains du Rouergue, Jean Digot, et sa femme Simone organisent ces Rencontres en offrant à tous les poètes leur douce amitié. Ici, nous sommes loin des jeux mondains de Paris: les poètes fraternisent autour de l'idée de la poésie comme façon de vivre et non d'arriver au sommet de la gloire. C'est l'hospitalité gastronomique du Rouergue qui réjouira les consciences.

Située dans un pays de montagnes et de causses, la ville de Rodez, qui a célébré son bimillénaire en 1976, est bâtie sur une colline élevée dominant les gorges de l'Aveyron. On me loge à l'Hôtel du Clocher, tout près de la cathédrale de Rodez-la-Rouge, là où Antonin Artaud venait se prostrer quand il s'échappait de l'hôpital psychiatrique. La vieille ville est magnifique, construite avec les rêves et les pierres du Moyen Âge.

Les Journées de Poésie sont organisées depuis près de quarante ans par l'Association des écrivains du Rouergue, qui attribue, à cette occasion, trois de ses prix annuels, désignés par les noms des poètes Antonin Artaud, Ilari Voronca et Claude Sernet. Ces deux derniers, nés au début du siècle, ont quitté la Roumanie pour la France, tout comme leurs compatriotes Tzara, Brancusi, Fondane et bien d'autres. La poésie de Claude Sernet, marquée d'une sombre inquiétude, tourne le dos au surréalisme pour s'attacher à la peine des hommes, sur un ton direct et toujours fraternel. Quand Claude Sernet meurt, en 1968, d'une cause inexplicable, on découvre que, par une curiosité de la nature, il portait en son corps l'embryon d'un frère jumeau, nous apprend Robert Sabatier. Le poète avait écrit ce vers incroyable: «Je veille un mort qui n'est pas mort».

Ses poèmes portent une attente et une interrogation: «Qui continue en moi? Qui souffre et se tourmente? / Et quel espoir trompé s'achève en désespoir?»

«Tout ce qui reste du cœur d'un poète, c'est ce que lui-même en a dit», écrivait Pierre Reverdy. Cette année, aux Rencontres de Rodez, on commente la poésie et l'esthétique de l'auteur de *Ferraille* et du *Livre de mon bord*. Lectures ferventes et parfois polémiques veulent revisiter le tombeau de Reverdy, cet ami de Max Jacob et d'Apollinaire, de Picasso, Braque et Matisse, qui se retira à Solesmes, où il mourra en 1960.

En ce dimanche de la Pentecôte — le 14 mai est aussi la fête de Jeanne d'Arc —, on nous conduit à Sainte-Radegonde pour le déjeuner. Le site de l'ancienne abbaye, avec ses jardins et ses vieux murs, est enchanteur. Après le repas, nous flânons en devisant allègrement. Nous admirons les ruines d'un passé qui nous fait signe encore de sa beauté. Devant nous se dresse, intact, un banc de pierre de style romain.

Robert Sabatier va s'asseoir. Frédéric-Jacques Temple le rejoint. Puis tous les deux m'invitent amicalement à m'asseoir avec eux. Me voici entre Temple et Sabatier sur le banc de pierre de la méditation. De tout temps les hommes ont questionné leur destin. Religion, philosophie, poésie, sciences dites «exactes» ou «humaines» ont porté la réflexion depuis les jardins les plus humbles jusqu'au scintillement des étoiles. Sur ce banc, en silence et d'une langue à l'autre, l'humanité a compté ses pierres et ses étoiles d'origine, afin de se garder une conscience de vivre.

Ainsi les poètes, dans leur quête de l'énigme d'aimer, m'ont toujours réconforté contre une mélancolie secrète. Frédéric-Jacques Temple, ce descendant des Cathares, a beau avoir la tête d'Hemingway et la stature de Cendrars, qui fut son ami, il est resté fidèle à un paganisme que n'ont pas atténué deux millénaires de civilisation chrétienne. Il l'affirme d'autant volontiers qu'il est resté attaché aux forces élémentaires de la nature et qu'il considère la poésie comme une forme d'action. Il se définit comme un «mangeur de mots». Pour lui, le mot se déguste, il a ses odeurs et ses parfums. La poésie est un livre de bord pour les fuites vers le sud du Sud, jusque chez les Navajos, dont il a traduit les poèmes rituels. Il a été formé par la réflexion de Théodore Monod, par les énumérations de Rabelais, par les poésies de Dante et de Chaucer, par les gestes d'Armorique et d'Occitanie, par Rimbaud, Thoreau, Walt Whitman. Depuis *Foghorn*, ses poèmes ont parfois la forme de croquis, télégrammes et cartes postales. Ce poète ami du Québec, qui a su faire le lien entre l'Ancien et le Nouveau Monde, nous a fait le cadeau de ses «paysages privés».

Sur le banc de pierre, Robert Sabatier, à ma droite, est silencieux, occupé à fumer sa pipe légendaire. Pour

lui, le poète est plutôt un «laveur de mots» et le poème
est habitable comme sa maison. Par la poésie, on construit son destin contre la mort. Cet élégiaque trop discret, qui est aussi le plus élégant romancier populaire,
veut rester en intelligence avec les choses de l'existence. Le poète des *Fêtes solaires* et des *Châteaux de
millions d'années* ne prononce pas de longs discours
sur la poésie, mais il en a fait sa compagne de tous les
jours. Avec elle, il nous a montré les chemins de l'histoire des hommes. Les neuf tomes de son *Histoire de la
poésie française* sont une leçon d'humanité. Il fait confiance au langage. Hier, il m'a confié que des poètes lui
ont écrit pour se plaindre du petit nombre de pages
qu'il leur a consacrées dans son ouvrage monumental.
La vanité de certains poètes n'a pas de fin. Mais cela,
Sabatier ne le dira jamais, même blessé par la mesqui-
nerie des autres. Il est poète pour l'inconsolable rêve
de la tendresse:

> Je ne suis moi que si je suis poème
> et je suis toi frère si tu me lis.

Sur le banc de pierre, le passé parle au présent et
le proche au lointain. Je ferme les yeux et je vois d'autres amis apparaître sur le banc d'en face. Gaston Miron
le premier, soudain immobile comme dans un rêve. Il
a été le mentor de mes jeunes années. M'accueillant à
l'improviste, toujours disponible, dans sa demeure du
carré Saint-Louis à Montréal. «La poésie est le brûlé des
choses», m'a-t-il confié un jour. Ce poète engagé, au
milieu des cent et une nuits de notre poésie qu'il a baptisée québécoise, m'apparaît pourtant solitaire et
blessé, quand il prend acte de ses amours défaites. Ce
«pitre aux larmes d'étincelles» est, en fait, un poète de
l'effroi. L'auteur de *L'homme rapaillé* cherche passage
et demeure sur la terre obscure des mémoires. Avec
le Québec, «morsure au cœur», il est un homme en

marche vers lui-même. Pour Miron, le poème est un projet d'existence.

Sur le même banc, à côté de lui, apparaît Jean-Guy Pilon, l'ami de René Char et d'Alain Grandbois, le poète des *Cloîtres de l'été* et de *Recours au pays*, pour qui la poésie est «le lien de la terre». Il écrit, avec les mots de la patience et du cœur, une poésie qui doit rester «intimement liée à la vie». Il est aussi un homme d'action et un «rassembleur d'écrivains», selon le beau mot de Rina Lasnier. Dans le sous-sol de sa maison, il m'a montré, un jour, la place imposante que prenaient les archives de la revue *Liberté* et de la Rencontre québécoise internationale des écrivains, deux institutions qu'il a fondées à la fin des années cinquante, avant de présider et de réanimer notre Académie des lettres du Québec. Mais ces activités d'un homme généreux ne me font pas oublier le poète d'une parole toute proche, qui a choisi de «traverser les jours comme un nageur».

La lumière vive de midi dessine sur le banc des poètes une autre présence tutélaire: celle d'Anne Hébert, qui croit «à la solitude rompue comme du pain par la poésie». Dans la clarté de l'instant, c'est l'âme qui semble porter le corps dans toute sa beauté. Comme Virginia Woolf, Anne Hébert a les mains pleines d'étincelles. «Écrire c'est vraiment jouer avec le feu», dit la romancière des *Enfants du sabbat*. C'est-à-dire que le poème est une lumière à posséder. Pour elle, le poète habite une cinquième saison, celle de la patience quotidienne des mots comme de la passion de l'absolu vers lequel on tend. Le noyau de la parole est en nous comme un mystère à éclairer parmi le paysage humain — en s'adressant à l'Autre. Le poète récite le monde du dedans au dehors et nos rêves font partie d'une vie réelle.

J'ouvre les yeux et je reviens sur le banc de pierre de Sainte-Radegonde, entre Temple et Sabatier. Nous restons là, sans vouloir nous quitter. Nous n'arrêterons pas de rêver la forme de nos vies dans le regard des mots. La poésie est ce qui nous appartient d'un pur présent. Nous n'avons jamais été seuls dans ce langage qui nous aime. Nous sommes le lien de la terre.

Le guetteur de poésie

En plein midi l'éternité brûle sur la colline de Tréboul. Le temps s'arrête en moi. La mer retient son mystère. Je cherche un homme au bout du paysage. «Finie terre», avait-il dit à son ami avant de mourir. Le cimetière marin défie les cyprès debout comme des gardiens du silence. Poussé par l'énergie secrète de toute une vie, j'arrive directement devant sa tombe. Parmi de riches monuments funéraires aux cippes orgueilleux, elle se distingue par sa simplicité. Une dalle recouverte de petits cailloux. Une stèle non polie avec pour seule inscription: «Georges Poulot».

L'homme a vécu sans tricher; il repose sans se payer de mots. Comédien, ami de Gérard Philipe, il avait troqué le théâtre contre la littérature. Écrivain, il avait quitté la vie parisienne pour une solitude littéraire en Bretagne, nourrie par la tendresse d'une femme et de leurs enfants. Ses amis venaient le voir parfois. Il leur écrivait. À chacun son lot. «Poète, dit-il, celui qui habite totalement son être.» Refusant d'entrer dans les bureaux de Gallimard et dans le fonctionnariat littéraire, il gagnait sa vie en écrivant des notes critiques pour la NRF et comme lecteur pour le TNP de Jean Vilar. Musicien, il le restait dans l'intimité, jouant du piano pour lui-même. Un jour, il perdit la voix et s'acheta une ardoise. Le cancer l'emporta loin de lui-même et de ses amis.

Je le trouve dans les rues étroites de Douarnenez, en pleine canicule de juillet. Les maisons aux façades blanches et roses se tiennent en rang serré devant le vieux port du Rosmeur. Ici, le café où il buvait du vin rouge en compagnie des humbles qu'il aimait. Là, au bout de la promenade, l'escalier par où rejoindre le penty où il vivait avec les mots. Un grenier au-dessus du port, un petit jardin pour quelques oiseaux. Une vie devant la mer, celle des vents qu'on n'enterre nulle part, comme la poésie. Pour assumer son destin en Cornouaille, Georges Poulot (1923-1978) avait choisi un nouveau nom où se croisent les mots «pierre» et «prose», «or», «os» et «repos».

Georges Perros vit aujourd'hui au sommet de ma bibliothèque. Son regard oblique, sur la photo agrandie de Michel Thersiquel, est celui d'un guetteur de poésie, cette manière d'être et, parfois, de le dire avec les mots.

Il n'y a d'issue à notre condition que poétique.

Debout et non pas tombeaux, les livres dont Perros est le lieu et le nom, fidèles amis et compagnons de ma vie depuis les années soixante-dix, habitent la bibliothèque de mes nuits. Les trois tomes des *Papiers collés*, le chemin des *Poèmes bleus*, le «roman» d'*Une vie ordinaire*, des *Notes d'enfance*, un *Lexique*, des *Échancrures*, *Lectures* et *Télé-notes*, enfin des *Lettres* à Jean Grenier, Jean Paulhan, Michel Butor, Lorand Gaspar et Jean Roudaut.

Toutes ces pages — poèmes, notes critiques, aphorismes et correspondances —, fragments d'une vie, sont écrites en marge de ce qu'on nomme la Littérature. Elles forment un tout indissociable. Elles sont de la même voix, de la même urgence qui force l'écrivain à «tout remettre en question tout le temps». Perros pratique l'esprit de fuite, de façon à toujours se métamorphoser, afin d'habiter la spirale du mot juste, dans ce qu'il appelle «cette espèce de truitage de la pensée» où la mémoire sensible aiguise le présent dans le mouvement même de la vie. En somme, Perros est un Montaigne de notre siècle. Son texte renouvelle notre présence au monde, notre méditation d'être.

Car chez lui il n'y a pas de distance entre la vie et l'œuvre. Le poétique habite le quotidien et l'écriture participe de l'existence. Pourquoi écrire? Pour questionner le destin. Pour s'éclairer à distance des mots. Au centre du monde et de notre expérience de vie se dessine la mort. Alors la poésie devient le langage qui va contre tous les autres langages et nous tient dans la vie.

Le désespoir est de se taire.

L'écrivain Perros est l'homme de la nécessité. Le plaisir du langage, ici, n'est jamais gratuit. Perros ne joue pas avec des concepts, mais il pratique l'image qui recrée l'émotion. Il fait de la poésie à la manière d'un compositeur de musique concrète. Justement, l'usage du vers en poésie met le temps en musique au-dessus de l'horizon. La poésie ne se tient pas hors du temps vécu mais le confronte à l'espace de la vie.

La littérature est un «laboratoire central», comme l'écrivait Max Jacob. L'œuvre est un chantier ouvert et c'est la quête qui importe, le mouvement de la quête. Une fois dépassée la vie livresque, il faut se risquer dans l'expérience du non-savoir. L'écriture est aussi une reconquête de soi-même et de la vie. Selon une morale de l'indifférence et non pas narcissique. Ainsi Perros ne cesse de questionner l'écriture à travers l'œuvre des autres écrivains, et c'est ce questionnement

même qui est l'œuvre de sa vie. Il écrit dans les mar-
ges d'autres livres et cette modestie d'écrire, «acte religieux, hors toute religion», s'habille alors d'une voix
unique.

> Qu'est-ce que la littérature? C'est l'obligation de
> nourrir l'autre, qu'il le veuille ou non, et cet autre
> qui est en nous. C'est un ordre.

Toutes les pages de Perros me tiennent sur le qui-
vive, me rendent plus curieux et lucide, me provoquent
et me questionnent. Que suis-je?

Cette énigme m'a donc conduit sur les traces de
l'homme, à l'été 1992. Jusqu'à Douarnenez, dans le
Finistère Sud, ce «pays propice à se travailler l'âme dans
la mélancolie», disait Odilon Redon. J'ai vu ces plages
qu'a lui aussi fréquentées Mallarmé. Je suis monté sur
la colline de Tréboul, d'où se dessinent les légendes de
l'île Tristan. Au milieu du cimetière Saint-Jean, me voici
droit debout devant le tertre où il repose. Georges Poulot est mort. Me reste Perros, l'écrivain et ses livres. Je
regarde la mer enchantée entre les cyprès courbés sous
le vent. «Toute la dignité des hommes est dans la sacra-
lisation des choses», a-t-il écrit.

Interdit, immobile, inconsolable, je ne sais plus
parler. Que suis-je? Me confronter à l'absence, à la
mort, à la nuit, pour savoir enfin que la poésie est en
moi, dans le mouvement de ma vie. C'est ce que l'écrivain Perros m'aura appris. Son œuvre m'enseigne à
vivre et à mourir. Le regard oblique de Georges Perros
m'invite à reconnaître un homme au bout du paysage.

L'appel du Pont-Neuf

Maintenant tu marches dans Paris tout seul parmi la foule

GUILLAUME APOLLINAIRE

Touriste à Paris, je ne l'ai été qu'à mon premier voyage en 1963, visitant lieux et monuments célèbres, comme pour vérifier *de visu* ce qui était déjà inscrit dans ma mémoire livresque. Puis, d'une visite à l'autre, au cours des ans, le paysage parisien m'a habité. Paris m'est aujourd'hui une ville familière. J'y séjourne une ou deux fois par année, au printemps surtout, à l'occasion de quelque fête du livre au Grand Palais ou place Saint-Sulpice. J'y ai mes habitudes et mes itinéraires, à partir du VIe arrondissement et du Grand Hôtel des Balcons où j'étais descendu à ma première visite et que j'ai adopté de nouveau dans les années quatre-vingt, rue Casimir-Delavigne, près de l'Odéon.

Mes premières traversées de l'Atlantique ont été des voyages aux sources de ma culture. Quand je traversais l'inévitable Pont-Neuf, seul, ébahi au milieu d'une foule cosmopolite, j'entendais aussitôt la voix d'Apollinaire, ce guetteur mélancolique au bord du temps:

Deux dames le long le long du fleuve
Elles se parlent par-dessus l'eau
Et sur le pont de leurs paroles
La foule passe et repasse en dansant...

Avançant sur le pont «si vieux, si noble, si fessu, si varié» et jetant un coup d'œil au jardin du Vert-Galant, je posais le regard de Léon-Paul Fargue à la surface de la Seine, «miroir verni de souvenirs et de murmures, et dont les reflets, pour moi, sont les illustrations, les aquarelles des chroniques du temps passé».

Mais par un bel après-midi de 1979, c'est mon propre nom que j'entendis flotter au-dessus des bruissements de la foule du Pont-Neuf. J'entendais mon nom et je n'y croyais pas. Je n'osais tourner la tête ni regarder autour de moi. J'avais l'impression de délirer sous le soleil de juin. Je m'enfonçai dans les pas des touristes. Je traversai rapidement le Pont-Neuf, fuyant le vertige de mon nom en plein Paris.

Quelques mois plus tard, j'apprendrai que je n'avais pas rêvé. Antonine Maillet me demandera si j'avais entendu sa voix m'appelant près du Pont-Neuf. La romancière acadienne flânait dans Paris en même temps que moi et voulait m'inviter à la terrasse d'un café pour une de ces joyeuses conversations qu'elle sait si bien tenir à la hauteur de toute la langue française.

Aujourd'hui, 18 mars 1993, le Pont-Neuf est presque désert et le soir tombe sur Paris. Les lumières du tableau m'enchantent. Je n'ai pas rendez-vous avec l'Acadie mythique et je n'entends pas la voix d'un poète de France. Je me sens pleinement heureux d'être à Paris comme Québécois. Je m'en vais entendre un récital de poètes à la Maison de la Poésie de la rue Rambuteau et je sais bien, depuis vingt-cinq ans, que Montréal est ma capitale artistique et littéraire. Ma culture existe, indépendante de Paris, autonome et moderne, américaine et non plus européenne, *étrangère* de la France par ses œuvres sans l'être dans l'histoire et la langue.

La Maison de la Poésie de Paris m'est aussi un lieu connu et familier. C'est là qu'en juin 1984 eut lieu un «Hommage à Gaston Miron» et que j'animai les trois séances d'un colloque sur le poète de *L'homme rapaillé*, auquel participèrent des connaisseurs de l'œuvre tels Jean-Claude Filteau, Albert Memmi, Édouard Glissant et Jean-Pierre Faye.

Ce soir, la Maison de la Poésie accueille des poètes du Québec, de l'Acadie et de l'Ontario. Quand j'arrive sur la terrasse du Forum-des-Halles, je vois Jacques Lanctôt, l'ancien guérillero des événements d'Octobre 1970, en train d'admirer les ombres du vieux Paris à la brunante. Il se souvient sans doute d'avoir été en exil politique dans cette ville, il y a vingt ans.

Avant l'arrivée des poètes invités pour ce récital, j'ai le temps de visiter l'exposition en cours, consacrée à Guillaume Apollinaire. Des photos, des manuscrits, des objets et des éditions originales illuminent les vitrines de la Maison de la Poésie. C'est la belle tête d'Apollinaire, avec ce regard qui a deviné la modernité de notre siècle, qui nous accueille ce soir. Sur un panneau, je peux lire les lignes enchanteresses de son *Onirocritique*:

> J'avais la conscience des éternités différentes
> de l'homme et de la femme.
> Des ombres dissemblables assombrissaient de leur nom
> l'écarlate des voilures, tandis que mes yeux
> se multipliaient dans les fleuves, dans les villes
> et sur la neige des montagnes.

On éteint les lumières. De Montréal à Paris, les voix de nos poètes portent les questions, les angoisses et les exultations de notre temps. André Roy décline notre étonnement devant la mort en forme de sida. Suit Claude Beausoleil, qui récite la démesure québécoise

avec une imagination poétique admirable, voulant faire
le pont entre toutes les cultures du monde:

> Je suis un voyageur
> que le langage invente.

Puis Herménégilde Chiasson, venu de l'Acadie
réelle mais aussi de la mélancolie d'Apollinaire, se montre le guetteur de notre destin au fil des mémoires. Sa
plainte, haute et gutturale, chaleureuse et lointaine à la
fois, vient habiter toute la Maison de la Poésie avec le
texte central d'un recueil qu'il a publié sous un titre qui
devrait être celui des livres de tous les poètes, *VOUS*:

> Je suis assis à un bar dans une ville étrangère devant
> une femme qui ressemble à une vedette de cinéma et je
> pense à toutes les fois où je me suis assis devant vous
> à vous réinventer, à l'époque où nous faisions beaucoup
> de route dans l'espoir de toucher au but.

J'écoute cette voix de l'Acadie moderne. Les mots
tombent du désespoir d'exister. Des mots dévastés de
cette prose il me restera la poésie d'une musique d'être
et du désir de confier sa solitude à l'autre qui nous
aime. L'appel du poète enveloppe ma vie présente,
passée et future.

Après le récital, je fais de nouveau le tour de l'exposition Apollinaire, je salue mes amis et je reviens seul
à pied, lentement, vers l'Odéon. Retraversant le Pont-
Neuf vers la rive gauche, j'entends encore monter la
voix fraternelle d'Herménégilde au bord du temps:

> [...] c'était la nuit. vous regardiez le paysage dont
> l'herbe verte tournait au bleu et je voyais mon reflet
> dans la fenêtre de l'auto, dans vos cheveux, comme si je
> voyais ma voix, que j'entendais mon nom, que je me
> reconnaissais pour la première fois.

En miroir

Emmanuelle Miron dans mon bureau. Nous regardons ensemble un exemplaire de la nouvelle édition, annotée par l'auteur, de *L'homme rapaillé*, que je viens de publier à l'occasion des quarante ans d'existence des Éditions de l'Hexagone. Elle déplore le fait que l'ambiguïté de la dédicace du poème éponyme vient de s'envoler.

«C'est la fin du mythe, me lance Emmanuelle. Avant de lire la note de Gaston en marge du poème, on ne savait pas qui était cette Emmanuelle de la dédicace. On pouvait se demander si j'étais la fille, la mère ou l'épouse du poète. Mais avec cette note où Gaston me désigne comme sa fille, le mythe disparaît!»

Emmanuelle aura oublié le tout dernier poème du livre, où Gaston boucle la boucle, nommant sa fille en l'identifiant à l'héritage incessant et en miroir de la poésie:

dans la floraison du songe
Emmanuelle ma fille
je te donne ce que je réapprends.

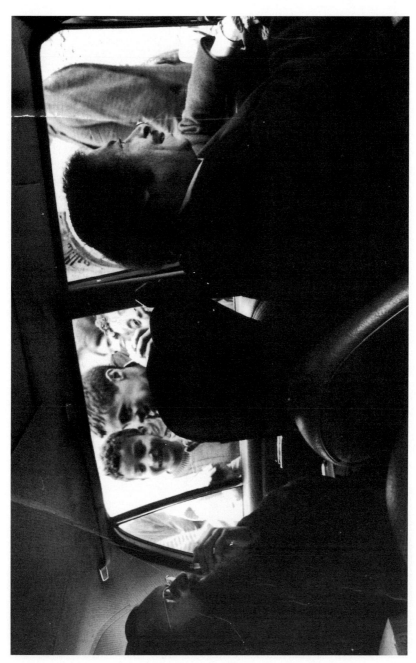

Jean Royer et le magicien Kassagi à Tunis, en mars 1973. *Photo:* Pierre Hussenot.

Jean Royer en Tunisie, en mars 1973.

Pierre Hussenot et Michel Buhler, compagnons de voyage en Tunisie, en mars 1973.

Micheline La France et Jean Royer à leur maison de Millerand, aux îles de la Madeleine, été 1989. *Photo:* Henri La France.

Aux îles de la Madeleine, été 1989. De g. à dr.: le peintre Claude Théberge, Gaston Miron, Jean Royer (de dos), Diane Moreau et Georges Langford. *Photo:* coll. particulière.

Le poète Alain Grandbois
à bord du *D'Artagnan,*
en décembre 1933.
Photo: coll. de la
Bibliothèque nationale
du Québec.

Les poètes Jean-Guy Pilon et René Char, à Paris, en 1955. *Photo:* archives des
Éditions de l'Hexagone.

Georges Perros. *Photo:* Michel Thersiquel (Éditions Calligrammes et
Tania Poulot).

Paul Zumthor. *Photo:* Josée Lambert (Éditions de l'Hexagone).

Sur le banc de pierre, à l'abbaye de Sainte-Radegonde, près de Rodez,
en mai 1989. De g. à dr.: Robert Sabatier, Jean Royer et Frédéric-Jacques
Temple. *Photo:* coll. particulière.

René Derouin à l'époque de *Migrations*. *Photo*: Les Paparazzi.

Pierre et Yolande Perrault dans le fjord de l'Amirauté, au nord-ouest de la Terre de Baffin, près du quai de Nanisivik. *Photo:* coll. particulière.

Tournage du film *Marie Uguay*, à Outremont, le 28 septembre 1981. De g. à dr.: Jean Royer, Jean-Claude Labrecque, Martin Leclerc, un technicien et Marie Uguay. *Photo:* Stéphan Kovacs, pour l'Office national du film du Canada.

Anne Hébert et Jean Royer, rue Sainte-Catherine Ouest, à Montréal, en avril 1980. *Photo:* Kèro.

Le passager

L'art est un signe qui se défend tout seul. C'est une signature. C'est une responsabilité, une espérance, et c'est lourd à porter.

RENÉ DEROUIN,
L'espace et la densité

1

Je reçois par courrier une statuette en terre cuite, qui semble m'arriver d'un autre monde et qui, pourtant, habite ma mémoire de toujours. Est-ce l'âme noire de mon père qui a pris forme au feu lent de sa mélancolie? De quelle patrie, de quelle poésie, cette terre brûlée? De quels chemins ce pèlerin, comme un étranger qui me ressemble?

La tête penchée du voyageur s'avance tel un oiseau vers son rêve. Ses yeux racontent la vie d'un frère. Ses épaules déployées dans le temps portent un monde sans frontières.

Ce personnage né au milieu de vents contraires, je pourrais l'appeler Héraclite, en souvenir de tous les fleuves. Son silence est une montagne d'air d'où coulera l'énigme des mythologies. Ses paroles m'appartiendront comme ses pas apprivoisent une mort au fil de l'eau. Héraclite me fait signe de le suivre. D'où il vient, où il va, d'où nous sommes et nous ne sommes pas. Car nous changeons en traversant les mots. Nous sommes le cœur battant d'un langage qui nous survit. C'est mon ombre qui bouge et les mots nomment le voyage.

Je suis le passeur de langage. Le *peregrin* — étranger — de passage sur terre. Je sais que l'air se mêle au feu et que de la terre l'âme s'éteint en eau. Quel est ce feu nouveau? Je suis le mot d'un autre et jamais celui-là. Comme le fleuve descendu de la montagne cherche son nom sur les rives du temps.

Je suis le découvreur des cultures qui m'inventent en m'ouvrant le monde. Je suis d'Amérique et d'Ailleurs. Je suis sauvé par mon rêve en marche. J'arrive de plus loin que moi. Je descends de toutes les libertés. Les ancêtres de nos mots ont traversé l'histoire des peuples. Je vis à même l'usure du monde. Chaque mot me révèle ce qu'il a vécu. *Parah, pero, ager, egre, peregri*: pèlerin venu d'un pays lointain, je suis toujours l'Étranger de passage. Le Passager des cultures.

2

La figurine d'argile noire (*barro negro*), d'une hauteur de onze centimètres, vibre d'un noir qui donne à penser que la cuisson en aurait été faite à l'atelier de Valiente Nieto, dans l'État d'Oaxaca, au Mexique, où l'artiste René Derouin a modelé une bonne partie des vingt mille personnages de son installation *Migrations*. La statuette, qui provient du territoire de la terre noire, haut lieu de l'héritage zapotèque, m'est arrivée un beau jour de 1994 dans ma maison de la rue Saint-Hubert à Montréal. Elle m'est venue d'Oaxaca, lieu de naissance du peintre Rufino Tamayo, de descendance zapotèque, et dont le travail sur les couleurs influença René Derouin dans les années 1955-1956.

Le parcours migratoire du personnage de céramique, dans lequel je me reconnais pourtant, n'est pas simple, certainement pas folklorique. Il me relie à une mémoire précolombienne à laquelle j'ai l'impression d'appartenir. Il remet en question ma mémoire d'être au monde en Amérique.

L'œuvre de René Derouin, *Migrations 1*, est un long fleuve noir de vingt mille personnages traversant le Museo Rufino Tamayo de Mexico. L'installation, exposée en 1992, a eu un immense succès populaire. Elle est devenue *Migrations 2*, au Musée du Québec, la même année. L'œuvre était orientée en direction du fleuve Saint-Laurent, au sud de Québec. Puis, René Derouin a présenté une autre installation, *Place publique*, inspirée de la densité des foules du *Zócalo* de Mexico, au Centre CIRCA de Montréal, où apparaissaient deux mille cinq cents personnages de céramique.

Enfin, à Baie-Saint-Paul, en juin 1994, Fleuve-mémoires *(Migrations) 3* nous apprend, par des photos de l'artiste en action, que René Derouin, dans un geste à première vue iconoclaste, a largué dans le fleuve Saint-Laurent, entre Baie-Saint-Paul et l'île aux Coudres, ainsi qu'entre Rimouski et Hull-Ottawa, dix-neuf mille des vingt mille pièces de céramique qui ont fait partie de ses installations provisoires. L'artiste intitule l'ensemble de son exposition *Fleuve-Mémoires*, car pour lui le fleuve, ce «lieu de passage» des migrations, devient le «lieu de conservation» de son œuvre. L'installation éphémère appartient maintenant à la mémoire collective.

L'exposition comprend aussi un bas-relief de graphite, céramique et bois, où se dessine une faune marine de corps humains et d'animaux aquatiques emmêlés. De plus, une imposante murale photographique réunit la mémoire de douze cents des dix-neuf mille pièces déjà larguées. Enfin, René Derouin prolongera le souvenir de l'œuvre en donnant deux cents personnages au musée Tamayo, qui accueillit *Migrations 1*, et en confiant deux cent cinquante autres figurines à autant de personnalités québécoises, canadiennes et mexicaines engagées dans le domaine culturel.

3

Depuis les années cinquante, l'œuvre de René Derouin explore «l'espace et la densité», selon le beau titre de son récit autobiographique, publié aux Éditions de l'Hexagone à Montréal en 1993. Des grands espaces nordiques à la densité des foules de Mexico, l'artiste poursuit une quête d'identité à travers les territoires géographiques et géologiques. Dans la mémoire physique des lieux se découvre l'identité de l'individu. «L'espace trop grand nous dévore», dit l'artiste, voyageur et nomade dans l'axe Nord-Sud. «Pour survivre dans la grande densité de la foule, il faut connaître nécessairement sa propre identité», découvrira-t-il au Mexique.

Pour lui, «l'enfance est un fleuve». Cette enfance, il la vit dans l'est de Montréal, au bord du Saint-Laurent, en face des îles de Boucherville. C'est dans ce fleuve que se noieront accidentellement son frère, puis son père. L'artiste émigrera plus tard dans les Laurentides, à Val-David. Il entreprendra d'apprivoiser le paysage à la source. Bâtir sa maison pour se mettre en relation avec les saisons. Recréer son univers à partir des lieux qu'il découvre. Pour cela, voyager d'abord. Sur sa valise, en 1955, le jeune homme de dix-neuf ans écrira en grosses lettres: «QUÉBEC À MEXICO». Il a trouvé l'axe de son destin.

L'artiste découvrira sa propre identité nordique au contact des gens du Sud. Comme en creux et dans un aller-retour incessant, avec des détours au Japon et en Islande. De Val-David et Montréal à Mexico, René Derouin nous aura montré les rapports entre les lieux et les groupes humains qui les habitent. Il nous aura amenés à réfléchir sur les origines et les chemins des cultures. Son œuvre de peintre et de graveur, de sculpteur et de muraliste, de *Suite nordique* (1975-1980) et de *Mémoire et cri génétique* (1985-1986) à *Migrations* (1988-1992) et *Place publique*, jusqu'à *Fleuve-Mémoires* (1994) et *Les territoires rapaillés* (1995, en collaboration avec le sculpteur Pierre Leblanc et le poète Gaston Miron), pose la question du paysage humain dans son échange avec le paysage terrestre et cosmique. Le lieu crée la forme, dira-t-il, et le langage incarne l'imaginaire. Ainsi l'art n'est pas une fin en soi mais le chemin du Passager, du Migrant des cultures qui, affirmant sa propre identité, donnant son nom au paysage, saura s'y fondre et s'y effacer pour la suite du monde.

4

Au cours d'une conférence qu'il donnait à Val-David le 2 septembre 1995, René Derouin a insisté sur le fait que son parcours s'est accompli en Amérique, dans l'axe Nord-Sud, et non vers la France et l'Europe. Il a refusé le triangle Montréal-Paris-New York pour adopter l'art du territoire continental, explorant et affirmant ainsi son appartenance à l'Amérique millénaire. Pour lui, son œuvre s'apparente à l'art zapotèque et remonte aux origines de la culture du continent américain. Il rappelle que la révolution mexicaine de 1910 a intégré l'art précolombien à l'art moderne. Il se réclame à la fois de David Alfaro Siqueiros et de Rufino Tamayo ainsi que de Jackson Pollock, c'est-à-dire d'un art exclusivement américain.

La culture savante, au Québec, a toujours refusé la référence au continent, faisant du territoire une abstraction, note René Derouin. Ainsi les élites ont en quelque sorte nié la culture du peuple québécois pour s'en remettre à la culture européenne et française.

«Moi, dit l'artiste, j'ai fait la recherche d'un territoire continental, en harmonie avec mon identité, avec ma terre natale. En découvrant le Mexique, j'ai trouvé ma parenté avec une culture métissée. Le Mexique m'a éloigné du contentieux colonial Français-Anglais. L'Amérique m'est devenue un territoire à la fois extérieur et intérieur. Comme de vivre le tremblement de terre de 1985 à Mexico m'a fait entrer dans le territoire intérieur d'où l'on vient, culturellement et génétiquement. Les appartenances aux cultures du continent m'ont donné une appartenance à l'Amérique. Ainsi les personnages de *Migrations* portent une charge, on pourrait dire qu'ils portent une mémoire. L'homme marche sur le territoire comme l'eau qui coule donne du relief au continent.»

5

«Après avoir largué dans le fleuve Saint-Laurent les dix-neuf mille pièces de *Migrations*, j'étais déchargé d'un poids énorme», avoue René Derouin. Qu'est-ce à dire? Pied de nez aux institutions muséologiques? Sans doute. Impression d'échec, en ce qui concerne l'œuvre publique d'un artiste qui ne jouit pas, dans notre culture québécoise, d'une véritable intégration sociale? Sans doute. Retour au fleuve où sont morts le frère et le père de l'artiste, voyage initiatique, renaissance et reconnaissance du lieu d'origine? Sans doute encore. L'artiste revendique lui-même ces raisons qui l'auraient poussé à larguer son œuvre du côté de la mémoire.

René Derouin adhère aussi à l'explication que lui donne son ami peintre Michel Madore: «un largage comme un sacrifice». Quand une société va mal, on sacrifie quelque chose pour apaiser le sort. Par le rituel du largage, l'artiste a réconcilié les ancêtres et les Amérindiens avec le Québec actuel dans «le chemin qui marche». Le largage des œuvres est un geste qui dépasse largement l'artiste et qui appartient à sa société. Car l'œuvre d'art devient œuvre d'art dans sa mémoire collective quand elle est prise en charge par les autres, rappelle Michel Madore.

On peut aussi affirmer que le geste de René Derouin possède la force d'un commencement. L'œuvre d'art larguée au fond du fleuve, ce lieu de passage et d'origine, accomplit une redécouverte québécoise de l'Amérique et lie notre culture aux autres cultures du continent millénaire. Le geste de l'artiste symbolise la migration des Québécois d'hier à demain parmi toutes les migrations des peuples de l'Amérique millénaire.

> J'ai toute la confusion d'un fleuve qui s'éveille
> ....
> Je suis une source en marche vers la mer
> Et la mer remonte en moi comme un fleuve,

a écrit le poète Gatien Lapointe dans son *Ode au Saint-Laurent*.

Migrations, l'œuvre de René Derouin, dans sa démesure défaite et par la force de sa mémoire, dans les migrations de ses milliers de personnages qui passent par le fleuve et par l'unique figurine de terre noire qui accompagne mes jours, m'apparaît désormais comme une illustration de ma condition humaine.

Je suis le Passager solitaire des cultures d'Amérique et je sais que les âmes naissent toujours nouvelles comme les fleuves.

Le secret

Dans le «train des écrivains», qui nous mène de Paris à la Foire de Brive en ce 6 novembre 1992, on nous promet une fête gastronomique. Dans la dizaine de wagons-restaurants où se regroupent les auteurs invités, chacun a sa table. Plusieurs services mettront en valeur la cuisine du pays, incluant le foie gras. Ici, l'abondance crée la fête.

Les académiciens Goncourt — Sabatier et cie — ont leur wagon, les jeunes romanciers du Seuil ont le leur, les distingués écrivains de Gallimard et les «locomotives» de Grasset, comme Edmonde Charles-Roux et Yves Berger, occupent leur wagon dans la plus grande complicité littéraire comme dans la plus joyeuse mondanité. Nous sommes une dizaine d'écrivains québécois, invités par la Foire de Brive qui s'est jumelée avec le Salon du livre de Montréal, dans notre wagon, où la fête gastronomique devient rapidement une fête de la parole.

Parmi nous, Paul Zumthor, qui vient de remporter le prix Québec-Paris pour son roman *La traversée*, mène brillamment la conversation. Nous lui avons demandé de nous raconter ses voyages autour du monde, ce qu'il fera de la façon la plus amicale durant tout le trajet. L'homme est chaleureux et d'une érudition exceptionnelle. L'Orient comme l'Occident, l'Europe comme les Amériques, et particulièrement le Brésil, où il a vécu un temps, continuent de l'enchanter. Avec humour, intelligence et sensibilité, il évoque pour nous les cultures qu'il a visitées. Le professeur de soixante-quinze ans nous donne une leçon de jeunesse et d'amour de la vie. Il a d'ailleurs gardé pour la fin du voyage l'anecdote la plus étonnante.

«Savez-vous, nous lance Zumthor, quand a été découvert le décalage horaire?» Nous restons interdits, curieux d'entendre la solution de l'énigme. Le Sphinx nous regarde calmement, un petit sourire au coin des lèvres. Silence et attente. «Eh bien, explique-t-il, le décalage horaire a été découvert précisément le 11 juin 1521. Quand Magellan, au large des îles Canaries, rencontra un autre navire portugais. Les deux capitaines n'en étaient pas à la même date, dans leur journal de bord respectif. Les deux navires étant partis de points éloignés l'un de l'autre, il y avait décalage horaire. On découvrit la question à partir de cette rencontre sur la mer.»

Ainsi Paul Zumthor s'est attaché toute la troupe pour notre séjour à Brive. Je n'ai jamais rencontré d'écrivain plus disponible à son public lecteur, qui venait nombreux lui faire dédicacer son roman *La traversée*, imaginé d'après le journal de Christophe Colomb. Car il avait une résidence secondaire dans un village voisin de Brive et ses amis n'allaient pas manquer le rendez-vous.

Paul Zumthor est un médiéviste réputé, bien sûr, qui a publié plusieurs essais savants sur le Moyen Âge et la poétique, aux Éditions du Seuil et ailleurs. Il est aussi un écrivain qui a fait paraître ses premiers ouvrages de fiction à partir de 1938, entre autres chez Gallimard, et ses plus récents romans, recueils de nouvelles et de poésie aux Éditions de l'Hexagone à Montréal à partir de 1987.

L'écrivain et professeur a mené une vie de nomade. Né à Genève le 5 mars 1915, il a fait des études de droit et de lettres en France. En 1943, il soutenait à l'Université de Genève une thèse de doctorat consacrée à la légende de l'enchanteur Merlin. En 1948, Paul Zumthor devient professeur à l'Université royale de Groningue, aux Pays-Bas. Puis, à partir de 1951 et pour vingt ans, il dirige le département de philologie romane et littérature du Moyen Âge à l'Université d'Amsterdam. En 1972, l'Université de Montréal lui offre un poste. Il y dirigera le programme de littérature comparée jusqu'à sa retraite, en 1980.

Paul Zumthor a choisi Montréal comme lieu de sa pratique professorale. Il a maintes fois répété son amour pour cette ville et ses habitants. Il a aussi choisi d'y publier ses ouvrages de fiction et de poésie. Quand j'ai pris la direction littéraire des Éditions de l'Hexagone, j'ai pu connaître l'homme de près et apprécier l'intelligence et la délicatesse d'un écrivain pour qui la littérature embrasse la vie entière et sans cesse. De plus, on peut affirmer que Paul Zumthor a adopté le Québec pleinement. En recevant le prix Québec-Paris pour son roman *La traversée*, en 1992, il a déclaré d'emblée: «Je suis fier d'être un écrivain québécois. Si ce prix qui m'échoit peut rejaillir sur la littérature québécoise, c'est tant mieux!»

Homme érudit, Paul Zumthor a conservé cette simplicité de parole qui convient aux esprits les plus curieux, les plus vagabonds, les plus sensibles aussi aux choses de notre monde. Je crois bien qu'on peut dire que dans son âge mûr il accordait la priorité à sa vie d'écrivain. Dans le train qui nous ramènera de Brive

à Paris, le 8 novembre 1992, il me confirmera l'importance de la littérature pour lui: «Quand on me demande
quelle serait ma dernière parole, je réponds: un
poème.»

Quelques semaines à peine avant son décès, qui
surviendra le 11 janvier 1995, il m'avait apporté aux
Éditions de l'Hexagone son ultime recueil de poésie,
intitulé *Fin en soi*. «La poésie est une *fin en soi*»,
m'avait-il confié en me remettant son manuscrit. La
poésie, selon le titre de son précédent recueil, est aussi
pour lui ce «point de fuite», c'est-à-dire cet espace du
langage où nous savons que nous ne pouvons pas fuir.
La poésie est lucidité. En même temps, ce «point de
fuite» est le point rassembleur du regard vers l'infini.

Dans deux de ses derniers ouvrages, *La mesure du
monde*, un essai savant, publié au Seuil, et *La porte à
côté*, un recueil de nouvelles paru à l'Hexagone, Paul
Zumthor exprime sa fascination pour la relation de
l'homme avec l'univers et avec les lieux du monde. «Je
suis trop de choses pour un seul lieu», a-t-il écrit dans
un livre de poésie.

Voyageur infatigable, qui a fait quatre fois le tour
du monde, cet homme n'a jamais cessé de raconter, de
s'émerveiller et de nous faire rêver. Sa démarche
d'écrivain est bien celle des moines quêteurs du Moyen
Âge, à la recherche d'un sens et d'un centre du monde.
«S'il est un centre, c'est où je vais», a-t-il écrit dans *Point
de fuite*.

À la recherche de la «voix nomade» des hommes à
travers les époques, cette voix de la présence de la
poésie, c'est-à-dire de la présence de l'homme au
monde, Paul Zumthor a fréquenté toutes les formes
d'écriture, érudite ou dépouillée, narrative ou lyrique,

avec autant de bonheur. Sa voix était grave et spirituelle dans tous les sens, en même temps qu'elle savait prendre un recul afin d'embrasser tous les jeux de la vie.

En effet, ce poète métaphysique s'est fait aussi pataphysicien, fondant l'Académie de pataphysique de Montréal, cherchant le sens dans la dérision même du sens, refusant tous les lieux communs du langage pour en débusquer le sens inconnu le moins soupçonné.

Par la vigueur de sa pensée, par la clarté de son expression, mais aussi par la qualité de sa présence poétique au monde, Paul Zumthor a été un écrivain au sens plein du terme: toujours en quête des renouvellements du langage, de ses mystères et de ses clés.

«En général, il faut rendre compte de l'impossible par le souci de la poésie», avait écrit Aristote. Ainsi la poésie nous raconte-t-elle l'histoire des hommes. «Nous sommes des êtres de récit autant que de langage», ajoutera Paul Zumthor, qui fut un être de synthèse de la science et de l'art, qui comprit que les jeux de langage contiennent toujours un fond de gravité.

Par poésie Paul Zumthor entendait «cette pulsion de l'être dans le langage, qui aspire à faire jaillir des séries de mots échappant mystérieusement à la fois à l'usure du temps et à la dispersion dans l'espace: il semble qu'il y ait au fond de cette pulsion une nostalgie de la voix vive», ajoutait-il, dans *Écriture et nomadisme*.

C'est bien cette «pulsion de l'être» qu'on entend dans la poésie de Zumthor. Cette poésie est ancrée dans le langage comme dans la vie des éléments. Le feu, la terre, l'eau, l'air composent notre âme nomade, celle des «prisonniers de la vie» que nous sommes, celle des «capitaines de rien» dont le voyage est la recherche d'une impossible fusion.

Mais cette poésie, élémentale autant que métaphysique, constitue une rencontre du poète avec la réalité humaine. Avec la question du langage et celle de l'amour, bien sûr. Avec aussi la conviction que toute rencontre est déjà séparation. Comme l'a écrit André Beaudet, «la poésie de Paul Zumthor est un long adieu à la vie, une fuite parmi les choses et les sens».

Seul l'amour est ce qui sauve l'homme de «la nudité solitaire de l'être». L'amour est l'espoir. La femme est l'espérance de cet «éternel nomade».

Entre nous un tel excès de lumière,

écrit le poète dans *Fin en soi*. S'il y a un érotisme du langage, c'est bien dans la poésie de Zumthor qu'on le rencontre, tel un feu incessant pour une parole de lumière.

L'obsession du poète, hors l'amour salvateur, reste «la distance insurmontable qui sépare l'homme, non seulement de l'objet de son désir, mais aussi des autres hommes et des institutions qui l'encadrent et exercent sur lui leur oppression». C'est ce qu'écrivait Zumthor à l'occasion de la publication de son dernier recueil de nouvelles, *La porte à côté*. Ce livre, ajoutait-il, tend à dénoncer «le malentendu foncier qui, depuis toujours, enferme l'homme dans sa solitude, et n'empoisonne pas seulement notre société actuelle, mais toute communauté humaine».

Zumthor a toujours évoqué, dans ses travaux de poéticien comme dans sa poésie, ce fait que «les êtres sont engagés dans la même quête désespérée d'un dialogue qui se refuse».

En fait, Zumthor, le poète, arrive lui aussi, et par d'autres chemins que le poéticien, à cette Babel inachevée, inachevable:

Révolte contre soi dressée
langage

comble le vide au ciel   bouche l'espace
interstice entre nous

suffoque d'exubérance...

Paul Zumthor était «homme de désir et de rebondissement», comme l'a bien qualifié un jour sa compagne, Marie-Louise Ollier. On reconnaît aussi chez lui un écrivain qui cédait volontiers à son désir d'écrire. «Pourquoi ce désir, à certains moments plus fort que tout, et qui n'a jamais faibli? pourquoi ce plaisir d'écrire qui ne m'a jamais quitté?» se demandait-il.

Au moment de la parution de son recueil de nouvelles, *La porte à côté*, que j'ai édité à l'Hexagone, il avait voulu témoigner de son entreprise littéraire et m'avait transmis un texte que je lis comme un art poétique auquel j'adhère — et que je pourrais intituler «le secret»:

Ce qui se cherche obscurément depuis soixante ans sous ma plume, écrivait Paul Zumthor, c'est une parole, un mot secret qui pèse en moi, que je pourrais, devrais proférer et qui, en me libérant, «mettrait au monde une émotion», comme une mère y met son enfant; l'offrirait à d'autres, frères inconnus, pour leur joie (du moins, je l'espère). Écrire est la seule manière que je connaisse de réaliser peut-être cet accouchement final.

J'ignore ce qu'est ce secret; peut-être même n'existe-t-il pas; mais peut-être aussi percera-t-il un jour, sans même que je m'en rende compte, à travers les mots que j'aurai formés. C'est une chance à courir — et, même si j'étais seul sur terre, elle vaudrait la peine d'être courue.

Continuer ainsi, à l'âge que j'ai atteint, c'est, dans mon intention profonde, une acceptation reconnaissante de la vie telle qu'elle a été, avec son injustice, sa cruauté, ses petitesses haïssables, mais aussi sa tendresse cachée.

L'héritage

27 février 1994. Je fais une visite à ma mère à Québec, dans ce petit appartement où elle vit entourée de tableaux, de livres, de disques et des souvenirs de sa vie à patience d'aimer.

Le visage vieilli de ma mère, son regard suppliant d'amour, jamais rassasié de prendre la vie jusqu'au fond des yeux, là où la pensée fusionne avec l'émotion vive et la transforme en un sourire inépuisable. De ce visage m'est venue ma première leçon de poésie.

Ma mère me donne avec émotion l'anneau d'or qu'elle tient de sa mère Emma. «C'est ton héritage. Je ne vois rien d'autre à te donner. J'ai pensé que cela te ferait plaisir d'avoir ce jonc comme souvenir de moi.» Cet anneau, ma mère l'aura porté depuis la mort de sa propre mère jusqu'à ce jour.

Je suis bouleversé par le geste de ma mère, par la sérénité de cette mort annoncée et par la force de son amour. Tout se passe comme si elle me reprenait en son sein, comme si elle me faisait entrer dans l'éternité avec elle. Ce don inespéré de l'anneau. Nous sommes inséparables.

En me donnant ce jonc, ma mère évoque celui que j'ai perdu, comme je l'explique dans mon récit «L'anneau», dans *La Main cachée*. Elle me redonne donc la main d'écriture, en même temps que la «main cachée», celle que j'avais perdue en son sein.

Ma mère m'aura tout donné pour vivre et aimer. Notre amour n'est plus «infirme». Par cet anneau, elle m'aura donné tous les mots que nous ne nous serons pas dits. Voici un nouveau «pacte», celui d'avant le grand silence de la mort.

Je demande à ma mère de me passer l'anneau au doigt elle-même. Notre rituel n'est pas solennel mais joyeux, intime, simplement humain. D'une vie à l'autre et pour toujours dans la suite du monde. Tant que la vie peut contenir nos gestes, leur mouvement fût-il éphémère.

À même ce rituel s'avive la conscience du poème. Ma mère me redonne tous les poèmes de ma vie. Après le don de la langue maternelle et de la parole au bord du silence, elle me redonne la forme du vivant: l'anneau est le poème au bout de sa propre main, hérité de la main de ma grand-mère Emma et du rêve d'amour de son futur mari, Albert G. Wright, arrivant d'Angleterre.

Sachant qu'Emma Michaud était d'une famille métissée, en partie d'origine abénakise, me voici héritier de trois cultures formant celle du Québec d'aujourd'hui: venues des Amérindiens, des Anglais ainsi que des Français par mon père dont l'ancêtre Jean Royer était parti du Mans.

Cet anneau me redonne un monde. Je peux continuer d'écrire ce destin, qui est la culture.

L'anneau donné par la mère est cet héritage du silence qui fonde la parole, cet héritage qui est aussi littérature, c'est-à-dire *devenir*. C'est l'anneau du passé transformé en avenir par le présent, par le don. Et cet héritage appartient au temps des vivants, parce que la mère l'a donné de son vivant à son fils. Elle n'a pas laissé la mort entamer l'héritage.

C'est cette force de la mère qui tient à la «patience d'aimer». Car dans le don de l'anneau, il y a aussi l'acceptation de la mort, de la séparation sans retour — ce qui est une souffrance inconsolable en soi.

Le fils recevant l'anneau doit, lui aussi, accepter la mort de la mère, pour assumer le don de l'héritage. Il doit vivre «avec» la mère en se préparant à la mort prochaine. Car l'anneau n'efface pas la souffrance. Chaque héritage porte sa misère à même sa richesse.

L'anneau déjoue la fin de la mémoire. Il retarde la mort des souvenirs et de la culture comme lieu et lien de l'être autant que de l'avoir.

Car l'héritage de la vie, c'est la culture. Celle qui s'est apprise, façonnée, réinventée d'un être à l'autre, celle qui se vit individuellement et se recrée avant que d'être collective.

L'anneau m'appartient, certes. Mais il me rappelle aussi que je ne suis pas seul. Il me vient d'un siècle de vie — de 1909 (mariage d'Emma et d'Albert) à aujourd'hui — et il appartient à la mémoire de mes aïeux avant la mienne. Cet héritage, je dois donc le partager à mon tour avec d'autres. L'anneau ne m'appartient pas en exclusivité. Ainsi, après moi, il portera mon propre héritage à quelqu'un d'autre parmi les hommes.

L'anneau circulaire est le poème qui renferme le secret de vivre. Sa forme est une éternité.

En acceptant l'héritage, le fils consent aussi à porter la mère et sa mémoire. À la porter dans sa vie jusqu'à sa mort. Puis à porter en terre la mère. Afin d'assumer lui-même l'héritage ensuite, jusqu'à la fin de sa propre vie.

En recevant l'anneau, le fils fait la promesse de partager son héritage. Il devient le passeur de mémoire et de culture. Il devient plus vivant de mieux savoir qu'il va mourir à son tour et qu'il doit prévoir l'avenir de son héritage.

L'anneau est l'héritage d'une sagesse: celle de se posséder dans ses rêves et sa récitation du monde. L'anneau est ce qui me retient et me relie au monde. Une mémoire ombilicale. Un cordon d'avenir.

Ma mère, Alice Wright, est morte, en toute lucidité et sérénité, le 25 mai 1994, à l'âge de quatre-vingt-quatre ans. Ce jonc qu'elle m'avait donné trois mois plus tôt, je le porte comme le signe de mon identité et l'or de mon héritage.

L'anneau orne d'hier à demain les gestes de la main ouverte.

Les jours à venir

J'ai la garde de Laurent-Hugo, quatre ans, et nous arrivons à la Bibliothèque nationale, rue Saint-Denis, pour le lancement d'un livre édité par son père, qui est allé garer l'auto. En escaladant les marches du perron, trop larges pour lui, qui nous conduisent au seuil de l'édifice de style Beaux-Arts, l'enfant se concentre sur ses pas tout en me serrant la main très fort. Nous voici dans le hall, au bas de l'escalier victorien, et le garde de sécurité, une jeune femme, salue gentiment Laurent-Hugo qui lui répond par un sourire tout en s'agrippant de la main gauche à la rampe. Il laisse son autre main dans la mienne et nous montons lentement l'escalier à son rythme.

Je lui explique où nous sommes:

«Ici, c'est la Bibliothèque nationale. Tu y trouveras un exemplaire de chacun de tous les livres imprimés au pays: ceux qui sont publiés par ton père et par d'autres éditeurs.»

Je me retiens d'ajouter qu'ici commence l'éternité pour chaque écrivain. En entrant dans la grande salle de lecture de l'ancienne Bibliothèque Saint-Sulpice, l'enfant s'arrête, interdit, et ne veut pas me lâcher la main. Il est envoûté par l'immensité des lieux. Il lève la tête vers le plafond si haut qu'il semble toucher le ciel.

Je lui montre les vitraux qui ornent la mezzanine. Puis il me jette un regard interrogateur et je vois que la lumière, c'est son visage qui cherche les jours à venir.

Nous restons au centre de l'immense pièce presque déserte. Quatre ou cinq personnes s'affairent à la préparation du lancement. Laurent-Hugo continue de scruter l'espace en silence. Nous habitons ensemble une vaste intimité. J'ai l'impression de vivre avec lui une scène primordiale. Je lui montre les grandes tables de lecture, plus hautes que lui, où trônent les lampes aux lumières douces. Je lui explique qu'on vient ici pour étudier et lire.

Alors l'enfant me regarde intensément et il me lance, avec un sourire qui affiche toute sa surprise et son contentement:

«C'est la première fois que je viens ici!»

Quelqu'un s'approche pour le saluer. Laurent-Hugo lui répète:

«C'est la première fois que je viens ici!»

Quand son père nous rejoint, l'enfant retire sa main de la mienne et nous demande:

«Est-ce qu'on peut avoir des livres pour enfants?»

Nous lui expliquons tant bien que mal qu'on ne peut pas sortir les documents de la Bibliothèque nationale et qu'il pourra emprunter des livres pour lui à la bibliothèque de son quartier.

Ému par la présence recueillie de l'enfant, je me surprends à espérer qu'un jour, peut-être, ce livre que j'aurai écrit, Laurent-Hugo pourra le tenir dans sa main ouverte.

Table

ŒUVRES DE JEAN ROYER (suite de la page 4)

Romanciers québécois, entretiens, Montréal, TYPO, 1991.

Dans la maison des littératures. Les vingt ans de la Rencontre québécoise internationale des écrivains, Montréal, l'Hexagone, 1992.

Le lien de la terre, poésie, Trois-Rivières et Paris, Les Écrits des Forges et Europe poésie, 1993.

Chronique d'une Académie 1944-1994. De l'Académie canadienne-française à l'Académie des lettres du Québec, Montréal, l'Hexagone, 1995.

Interviews to Literature, Toronto, Guernica, coll. «Essays», 1996.

En collaboration

La nuit de la poésie québécoise, avec des photographies de Daniel Kieffer et Marc-André Gagné, Montréal, SECAS, 1970.

Québec 1982, sous la direction de Jean Royer, *Livraisons,* nº 1, Paris, 1982.

La cultura de Quebec, dans *Plural,* nº 159, Mexico, Plural, 1984.

Littérature québécoise d'Amérique, sous la direction de Jean Royer, dans *Les Deux Rives,* 1984.

Poésie 1984, dans *Estuaire,* Trois-Rivières, nºs 32-33, 1984.

Québec, dans *Autrement,* nº 60, Paris, Éditions Autrement, 1984.

Vouloir la fiction, copyright la modernité, Montréal, La Nouvelle Barre du jour, 1984.

Autour de Maurice Roche, Montréal, La Nouvelle Barre du jour, 1985.

Le mal du siècle, dans *Possibles,* Montréal, vol. X, nº 1, 1985.

Spécial Québec 1986, sous la direction de Jean Royer, dans *Le Magazine littéraire,* nº 234, Paris, Fasquelle, 1986.

La littérature et les médias, dans *Études françaises,* vol. XXII, nº 3, Montréal, Presses de l'Université de Montréal, hiver 1987.

Rina Lasnier ou le langage des sources, dans *Estuaire,* Trois-Rivières, *Estuaire* et Les Écrits des Forges, 1988.

Les adieux du Québec à Félix Leclerc, Montréal, Guérin littérature, «coll. Les Presses laurentiennes», 1989.

Ciel rouge, dossier «Jean Royer, une destinée en poésie», dans *Estuaire,* nº 53, Trois-Rivières, 1989.

Littérature nouvelle du Québec, sous la direction de Jean Royer, dans *Europe,* Paris, Les Éditeurs français réunis, 1990.

Un été, un enfant, récits, Montréal, Québec/Amérique, 1990.

Irrémédiables abandons, dans *Estuaire,* nº 64, Trois-Rivières, 1992.

Les îles de la Madeleine, avec des photographies de Mia et Klaus, Montréal, Éditions de l'Homme, 1994.

Poètes des îles, Cahiers de la revue *Sud,* Marseille, 1994.

Estuaire, numéro du vingtième anniversaire, nºs 80-81, Trois-Rivières, 1996.